# POLYGLOTT

# KALIFORNIEN

## ON TOUR

AF197573

DER AUTOR

## KARL TEUSCHL

studierte Amerikanistik, Anthropologie und Phonetik in
Los Angeles und München. Seit über 20 Jahren bereist er die
USA und Kanada, ist Autor diverser Reiseführer, wie
POLYGLOTT on tour »Florida« und »Kanada – Der Westen«,
sowie zahlreicher TV-Dokumentationen über diese Länder.
Er lebt als freier Autor und Korrespondent eines namhaften
Reisemagazins in München und Vancouver.

Unser E-Book-Code zur elektronischen Erweiterung des
POLYGLOTT on tour. Das kostenlose E-Book enthält die im
Reiseführer aufgeführten Adressen entlang der Touren,
beispielsweise zu Essen und Trinken, Shoppen, Aktivitäten
und Hotel-Tipps. Links auf einen externen Kartendienst
vereinfachen das Auffinden dieser Adressen.

WWW.POLYGLOTT.DE

## SYMBOLE ALLGEMEIN

 Erstklassig: Besondere Tipps der Autoren

Seitenblick: Spannende Anekdoten zum Reiseziel

 Top-Highlights und

 Highlights der Destination

| TOUR-SYMBOLE | | PREIS-SYMBOLE | |
|---|---|---|---|
| **1** Die POLYGLOTT-Touren | | Hotel | Restaurant |
| **6** Stationen einer Tour | € | (Doppelzimmer) | (Hauptspeise) |
| **1** Zwischenstopp Essen & Trinken | €€ | unter 100 $ | unter 18 $ |
| A1 Die Koordinate verweist auf | €€€ | 100 bis 200 $ | 18 bis 30 $ |
| die Platzierung in der Faltkarte | | über 200 $ | über 30 $ |
| a1 Platzierung Rückseite Faltkarte | | | |

Perfekte Planung > Parallel vordere Klappe aufschlagen

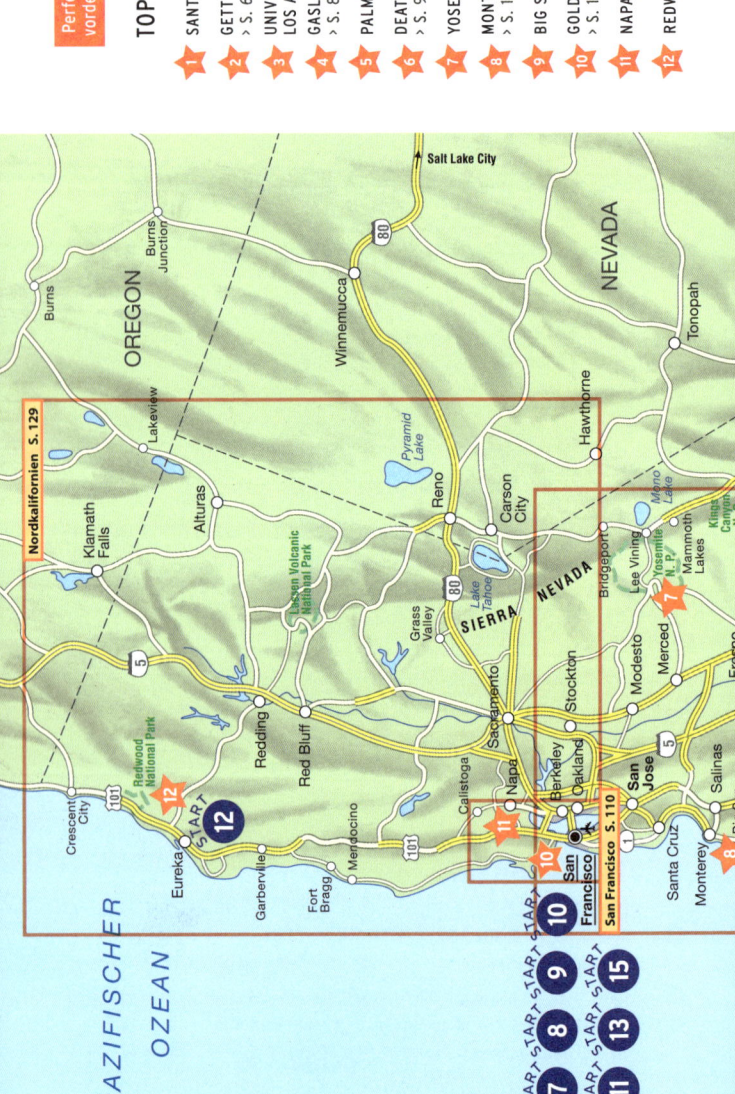

## ZEICHENERKLÄRUNG DER KARTEN

- beschriebene Region (Seite=Kapitelanfang)
- **10** **E** **h** Sehenswürdigkeiten
- Tourenvorschlag
- Autobahn
- Schnellstraße
- Hauptstraße
- sonstige Straßen
- Fußgängerzone
- Eisenbahn
- Staatsgrenze
- Landesgrenze
- Nationalparkgrenze

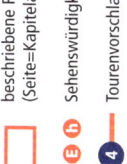

Südkalifornien S. 74

Zentralkalifornien S. 93

Los Angeles S. 58

Channel Islands N. P.

PAZIFISCHER OZEAN

KALIFORNIEN

ARIZONA

MEXIKO

Phoenix

Las Vegas

Death Valley National Park

Mojave National Preserve

Mojave Desert

Joshua Tree National Park

Anza-Borrego Desert State Park

Colorado

Salton Sea

Morro Bay, San Luis Obispo, Santa Barbara, Visalia, Bakersfield, Ridgecrest, Mt. Whitney 4418, Sequoia N. P., Death Valley National Park, Baker, Barstow, San Bernardino, Palm Springs, Indio, Needles, Lake Havasu City, Boulder City, Lake Mead Rec. Area, Death Valley Junction

Los Angeles, Santa Monica, Oceanside, San Diego, Tijuana, Mexicali, El Centro, Yuma, Mt. Palomar Observatory

100 Meilen
100 Kilometer

Über die Bixby Bridge führt der
Highway One entlang der spektakulären
Steilküste von Big Sur

# TYPISCH

# KALIFORNIEN IST EINE REISE WERT!

**Golden Gate Bridge und Hollywood, Yosemite und Tal des Todes, eine Surfstunde in der Brandung des Pazifik und eine Wanderung in einen Hain uralter Mammutbäume: Kalifornien macht Staunen. Dieser Reiseführer gibt Anleitung für den Traumurlaub.**

**KARL TEUSCHL**
studierte Amerikanistik, Anthropologie und Phonetik. Seit über 20 Jahren bereist er die USA und Kanada. Er ist Autor von diversen Reiseführern, Zeitschriften- beiträgen und von TV-Dokumentationen über diese Länder. Als freier Autor und Korrespondent einer großen Reisezeit- schrift lebt er in München und Vancouver.

Meine ersten Eindrücke von Kalifornien entstanden auf der Busfahrt vom Flughafen in Los Angeles zur Auftakttagung für ein Stipendienjahr in Kali- fornien. Tagungsort war die University of Southern California, eine Hoch- glanzuniversität, aber mitten im Ghettoviertel Watts. Am Straßenrand vernagelte Läden, Müll. Dann ganz abrupt die gepflegten, palmengesäum- ten Bauten der Universität, kleine Parks, Studenten in schicken Klamotten. Alles widersprüchlich, alles anders als in Europa, alles faszinierend. In den folgenden Tagen gab es Ausflüge nach Santa Monica und Hollywood, wo wieder ganz andere neue Welten zu erkunden waren. Während des Studien- jahres wohnte ich dann in Venice, mitten im Szeneleben, hin- und hergeris- sen zwischen Rollerblades und Lernen für die Term-Prüfungen der Uni.

Später habe ich die anderen Regionen des Staates kennen- und lieben- gelernt: die Berge und die Sierra beim Skifahren und auf Wanderungen im Sommer, die Wüsten bei Wochenendtrips zur Blütezeit der Wildblumen im März (atemberaubend schön), die mystischen Wälder der Redwoods im Norden. Auch den Highway One habe ich damals das erste von vielen Malen abgefahren. Mit meinem ersten eigenen Auto in Amerika – einem klassi- schen Ford Mustang Fastback, original in Maroon-Rot. Nur war das Auto damals schon alt, und auf einem Parkplatz qualmte es plötzlich unter der Motorhaube, Flammen schlugen aus dem Kühlergrill. Zum Glück gab's keinen dauerhaften Schaden. Solche Erinnerungen bleiben hängen und ver- binden mit den Schauplätzen.

Ich mag beide Seiten Kaliforniens: den sorglosen, strandverliebten Süden und den kühleren, wilderen, beschaulicheren Norden. Ich liebe natürlich San Francisco, wer tut das nicht. Die grandiose Lage der Stadt am Golden Gate, die bunten Viertel, die Verbindung von Geschichte und Twitter-Moderne. Aber die spannendste Stadt Kaliforniens für mich ist nach wie vor Los Angeles. Sicher, der Moloch im Süden rollt den Besuchern keinen roten Teppich aus wie San Francisco, die Schöne an der Bay. Aber L.A. ist so ganz anders als Europa, voller Kontraste. Ein scheinbar gesichtsloser Brei von Häusern, in dem aber viel Kreativität wohnt. Man muss sich auf die Stadt einlassen, die einzelnen Viertel aktiv entdecken, dann wird man mit einer Vielfalt an Eindrücken belohnt wie nirgends sonst.

Natürlich ist auch heute nicht alles heile Welt in Kalifornien, auch das Paradies hat seine Probleme. An den herrlichen Redwood-Wäldern im Norden wurde gnadenloser Raubbau betrieben, aber riesige Gebiete Kaliforniens stehen auch unter strengem Naturschutz. Der Smog von L.A. hat sich zwar in den letzten Jahrzehnten gebessert, hängt aber an manchen Tagen immer noch wie ein gelber Schleier über der Stadt. Aber von Kalifornien aus haben Innovationen gerade im Umweltsektor wie Katalysator, Elektroautos oder Solarkraftwerke ihren Siegeszug angetreten, und Umweltschützer sind hier so aktiv wie nirgends sonst. Das verdient Anerkennung und Bewunderung, finde ich.

Der 31. Staat der USA ist ein wunderbares Sammelbecken skurriler Figuren und verrückter Ideen – nicht zuletzt die Folge einer liberalen Geisteshaltung. Zwar brechen auch die Rassenkonflikte des Vielvölkerstaates immer

Easy Going am Strand von Venice

wieder auf, doch die multikulturelle Gesellschaft funktioniert hier weit besser als andersnorts in den Vereinigten Staaten. Sogar der Boden des Staates will keine Ruhe geben: Erdbeben entlang dem berüchtigten San-Andreas-Graben drohen jederzeit – und sorgen wohl auch für das Gefühl, das Leben hier und jetzt genießen zu wollen.

Ich kann mich immer noch berauschen an den Klischee-Highlights: am Blick auf die Golden Gate Bridge, ins Yosemite Valley oder über das abendliche Lichtermeer von L.A. Aber Kalifornien ist viel mehr: Immerhin ist der Staat ein gutes Stück größer als Deutschland, hat aber mit nur 40 Mio. nicht einmal die Hälfte der Einwohner – und die drängen sich überwiegend in den Metropolregionen von San Francisco und Los Angeles. Der Rest des Staates ist dagegen verblüffend dünn besiedelt.

So bleibt viel Platz für die kleinen kalifornischen Erlebnisse: Ich mag den ruhigen Morgen in Laguna Beach, wenn der Strand und das Städtchen im weichen mediterranen Licht liegen. Ich sitze gerne in den Saloons im Gold Country oder auf den duftenden Wiesen hoch in der Sierra. Ich finde auch die Hamburgerbude am Highway spannend und die in der Dämmerung aufleuchtenden Neonschilder der Motels, die flippige Szene am Strand von Santa Barbara, die riesigen Trucks auf den Autobahnen, die Farne am Waldweg durch die Redwoods. So wird für mich jede Reise durch Kalifornien zu meinem eigenen kleinen Roadmovie.

Die Felsformation Three Brothers im Yosemite National Park

# WAS STECKT DAHINTER?

**Die kleinen Geheimnisse sind oftmals die spannendsten. Hier werden die Geschichten hinter den Kulissen erzählt.**

## WIND AUS DER WÜSTE?

Man kennt das schon, jedes Jahr heißt es in den Nachrichten: schwere Busch- und Waldbrände in Kalifornien – jene vom Herbst 2018 gelten als die bis dato schlimmsten. Meist lodern die Flammen im Herbst in der trockenen Steppenlandschaft der Coast Mountains in Südkalifornien. Mal steht ein Vorort von Los Angeles kurz davor, abgefackelt zu werden, mal sind San Diego oder Santa Barbara in Gefahr. Weggeworfene Zigaretten oder Glasscherben werden schnell zum Zünder für diese Buschfeuer.

Die eigentliche Ursache aber ist der Santa-Ana-Wind, ein heißer Wüstenwind, der oft tagelang im September oder Oktober aus dem Landesinneren zur Küste hin weht und Flammen und Gemüter anfacht. Um Mitternacht hat es dann noch 30 °C in Los Angeles. Ein Funke genügt, und das Buschland ringsum brennt lichterloh und die Flammen breiten sich rasend schnell aus.

## WER HAT VORFAHRT?

Stromausfall an der Ampel. Vorsicht, die Amerikaner reagieren hier anders als die Europäer. Es wird abwechselnd weitergefahren. Nach dem Prinzip des *4-way-stop:* Wer zuerst gehalten hat, fährt als erster in die Kreuzung ein. Es gibt sogar Kreuzungen mit vier Stoppschildern. Der Hintergrund: Die Vorfahrtsegel »rechts vor links« gibt es in den USA ebensowenig wie das Verkehrszeichen »Vorfahrtsstraße«. Jede Seitenstraße endet an der Hauptstraße mit einem Stoppschild, jede Straße bleibt ohne weitere Ausschilderung so lange vorfahrtsberechtigte Hauptstraße, bis das nächste Stoppschild kommt.

## EIN GRIZZLY AUF DER FLAGGE?

Es müssen Abertausende gewesen sein: Als die ersten Spanier nach Kalifornien kamen, gab es ihren Berichten nach überall im Staat Grizzlybären. Wie Kühe auf der Weide sah man sie in den grünen Tälern am Pazifik grasen. Für die Pioniere waren sie eine wichtige Fleischquelle. Die Padres der Mission San Luis Obispo schickten um 1750 rund 5000 Pfund getrocknetes Grizzlyfleisch nach Monterey – jährlich!

Als die Kalifornier 1846 ihre Unabhängigkeit von Mexiko ausriefen, kam der Grizzly als Wappentier auf die Flagge. Auf ihr flattert er noch heute im Wind. Ein stattliches Tier mit braunem Fell und charakteristischem Buckel über den Schultern. Eine Erinnerung an die wildreiche Pionierzeit. Tatsächlich starb der letzte, in freier Wildbahn gefangene Grizzly Kaliforniens 1911 im Zoo von San Francisco. Heute gibt es nur noch Schwarzbären.

# 50 DINGE, DIE SIE ...

Hier wird entdeckt, probiert, gestaunt, Urlaubserinnerungen werden gesammelt und Fettnäpfe clever umgangen. Diese Tipps machen Lust auf mehr und lassen Sie die ganz typischen Seiten erleben. Viel Spaß dabei!

## ... ERLEBEN SOLLTEN

**1 L.A. für Schwindelfreie** Verrückter geht's kaum: Am Turm der U.S. Bank › S. 61 führt in luftiger Höhe, 300 m über der City, eine Rutsche entlang: der Skyslide, eine 15 m lange Röhre aus Glas. Alles natürlich ganz sicher – nur Mut!

**2 Surfin' USA** Seit rund 100 Jahren werden in Huntington Beach › S. 81 die Wellen geritten. Nach zwei Stunden Schnellkurs stehen Sie selbst auf dem Brett und gleiten mit. Die HB Surf School zeigt es Ihnen

Übung macht den Meister – in Huntington Beach gibt es die Basics dafür

(Huntington Beach Pier, South Side, www.hbsurfschool.com).

**3 Frühjahrsputz** Bei der Schneeschmelze im Frühjahr rauschen die Wasserfälle der Sierra Nevada besonders wild und laut. Dann ist die schönste Zeit, aus den Blumenwiesen im Yosemite Valley › S. 100 den halbtägigen Trail zu den Vernal und Nevada Falls zu nehmen.

**4 Ab ins Gummiboot** Die Flüsse der Sierra Nevada zählen weltweit zu den besten Wildwasserrevieren. Die Guides von Mariah Wilderness Expeditions › S. 32 wissen, wann und wo die die wildesten Wellen über die Granitfelsen schäumen.

**5 Auf Tiefschnee abfahren** Die Schneemengen der Sierra Nevada sind legendär: 6 m Schneebasis sind normal in den Skigebieten um den Lake Tahoe › S. 138. In Heavenly Valley können Sie Ihre Wedelkünste auf Pisten in Kalifornien und in Nevada testen (www.skiheavenly.com).

**6 Bootsfahrt in die Zukunft** Reichlich Adrenalin ist garantiert, wenn Sie in den Universal Studios › S. 69 beim Kampf der »Transformers« mitmachen. Alles Hightech, 3-D und gigantisch.

Palmenoasen spenden wilkommenen Schatten beim Hike im Anza Borrego State Park

**7** **Waldspaziergang** Vor der Küste Kaliforniens gedeihen große Kelpwälder aus Blasentang, die Heimat für Fische, Seeotter und Seelöwen. Die Boote von Truth Aquatics › S. 32 nehmen Taucher von Santa Barbara aus mit in die Unterwasserwelt vor den Channel Islands.

**8** **Meer-Radeln** Der bestens präparierte Radweg von Santa Monica › S. 67 nach Venice bietet California Feeling pur: Strandleben, bunte Buden, schrille Szene. Per Mietrad geht es unter dem Pier hindurch immer die Küste entlang. Räder gibt es bei Santa Monica Bicycle Rentals (1428 4th St, www.smbikerental.com).

**9** **Unterwasser-Golf** 65 m unter dem Meeresspiegel golfen? Auf dem Furnace Creek Golf Course können Sie das tatsächlich: in einer grünen Oase mitten im Death Valley › S. 92 18 Löcher spielen. Und manchmal kommt ein Kojote vorbei

**10** **Wüstes Wandern** Eines der faszinierendsten und wildesten Wüstenreviere ist im Anza Borrego State Park geschützt. Vom Campingplatz oberhalb des Visitor Center aus führt ein einstündiger Trail zu Wasserfällen und einer Palmenoase in den Borrego Palms Canyon › S. 88. Aber unternehmen Sie die Wanderung nicht im Hochsommer!

Frische Fish Tacos sind eine mexikanisch-südkalifornische Spezialität an der Küste

## ... PROBIEREN SOLLTEN

**11 Fisch, ganz frisch** In Südkalifornien sind *Fish Tacos* der absolute Hit in Strandbars und Food Trucks. Zu Recht, denn die kleinen Kreationen aus Maistortilla und frischem Fisch mit Tomatensalsa und Zitronensaft sind ein echter Genuss, etwa bei Oscar's ▮ S32 (746 Emerald St., Pacific Beach, San Diego, Tel. 858-412-4009, weitere Filialen unter www.oscarsmexican seafood.com).

**12 Minitorten** Die zeitweise in Vergessenheit geratenen *Cupcakes* sind heute als amerikanische Tradition wieder voll im Trend. Bäckereien wie Cups and Cakes ▮ E15 in San Francisco bieten über 60 Sorten und herrlich verrückt-bunte Dekos an (451 9th St., www.cupsandcakesbakery. com; So/Mo geschl.)

**13 California Cuisine** Die herrlich leichte Westcoast-Multikulti-Küche wird überall im Staat zelebriert, eine gute Adresse ist das Lulu California Bistro ▸ S. 89 in Palm Springs: Pizza mit Räucherlachs, Thunfisch-Wrap, Birnen-Walnuss-Salat. Lecker!

**14 Tacos & Tostadas** Mexikanische Kost ist in Kalifornien weit verbreitet, günstig und gut. Entweder als schnelle Tacos in kleinen Buden, an Food Trucks oder als verfeinerte, mit viel Koriander gewürzte Kreationen in Restaurants wie Mercado ▸ S. 72 in Santa Monica.

**15 Whiskey mit Kaffee** An San Franciscos Fisherman's Wharf wurde 1958 der erste *Irish Coffee* in Amerika gemixt: Das urige Buena Vista Café ▮ E15 serviert noch heute das schwarze Gebräu nur mit echtem Irischem Whiskey (2765 Hyde St., www.thebuenavista.com).

**16 Apfelkuchen kalifornisch** Uramerikanisch ist der *Apple Pie*. Und nirgendwo sind die in tiefen, runden Formen gebackenen Pies so frisch und lecker wie in den Coffeeshops von Julian hoch in den Bergen über San Diego. Probieren Sie mal den Pie bei Mom's ▸ S. 87.

**17 Original-Burger** Trotz teils gar nicht so schlechter Fastfood-Varianten sollte es auf der Reise mal einen richtigen Burger geben: Im Restaurant, aus einem halben Pfund gutem Fleisch, mit Käse, Tomate, Zwiebel, Mayo und Salatblatt – so wie im Tower Cafe in Sacramento ▸ S. 137.

**18 Milkshake mit Datteln** Die großen Obststände an den kalifornischen Highways lohnen einen Stopp – ganz besonders Hadley's  T28 an der I-10 östlich von Los Angeles: Spezialität ist hier ein sämiger, süßer *Date Shake* mit frischen Datteln aus der Region (47993 Morongo Trail, Cabazon, www.hadleyfruitorchards.com).

**19 Japan grüßt** Sushi gibt es in Kalifornien quasi überall, in bester Qualität und relativ preiswert. Die beliebte *California Roll* mit Krebsfleisch, Gurke und Avocado wurde angeblich sogar in Los Angeles erfunden. Zu probieren etwa im Crystal Fish F18 in Monterey (514 Lighthouse Avenue, Tel. 831-649-3474, www.crystalfishmonterey.com).

**20 Grüne Cholesterinsenker** Die Farmer in der Küstenebene um Castroville › S. 97 haben sich auf Artischocken spezialisiert. In den Lokalen werden die stacheligen Früchte in allen Variationen serviert und Anfang Juni gibt es sogar ein Artischockenfest.

## ... BESTAUNEN SOLLTEN

**21 Tunnelblick** Der wohl berühmteste »Instagram-Aussichtspunkt« im Yosemite National Park liegt direkt vor dem Wawona Tunnel an der SR 41, wenn man das Yosemite Valley › S. 100 nach Süden hin verlässt. Im Herbst allerdings sind die Wasserfälle ausgetrocknet.

Spektakulärer Blick vom Wawona Tunnel Viewpoint ins Yosemite Valley

**22 Röhrende Hirsche** Am Newton Drury Scenic Parkway, der parallel zum Hwy. 101 durch den Prairie-Creek-Abschnitt des Redwood National Park › S. 144 führt, gibt es nicht nur alte Redwoods zu sehen. Auf Wiesen leben hier auch stattliche *Roosevelt Elks*, eine Hirschart mit prächtigen Geweihen.

**23 Brücke von unten** Von Fort Point › S. 121, einer Militäranlage aus dem Bürgerkrieg unterhalb der südlichen Auffahrt, wirkt die Golden Gate Bridge besonders eindrucksvoll. Am Fuß des Pylons werden die gewaltigen Dimensionen der Brücke erst wirklich deutlich.

**24 Explodierte Architektur** Frank Gehry gilt als Kaliforniens berühmtester moderner Baumeister. Seine Bauten zerlegt er oft in Teile – so auch die Disney Concert Hall › S. 61 in Downtown L.A. Spektakulär!

**25 Geölte Muskelpakete** Die Bodybuilder am Strand von Venice gehören zu den ikonischen Bildern Kaliforniens. Auch Arnold Schwarzenegger hat – lange bevor er Gouverneur wurde – schon am Muscle Beach › S. 67 trainiert.

**26 Elefanten-Rastplatz** Fast so nah wie im Tierfilm lässt sich am Hwy. 1 bei San Simeon › S. 97 eine große Kolonie von Seeelefanten beobachten. Wie Riesenmaden liegen die bis zu 2 t schweren Meeressäuger im Sand um Point Piedras Blancas. Im Jan., Mai und Okt. sind die meisten da (www.elephantseal.org).

**27 Götterdämmerung** Knalliges Rosa, Orange, Purpur, sattes Dunkelrot – das Farbenspiel zu Sonnenaufgang über den kahlen Felsen im Death Valley wechselt fast jede Minute. Der schönste Ort dafür ist Zabriskie Point › S. 92.

Delfine begleiten oft die Ausflugsschiffe im Santa Barbara Channel

**28** **Gondeln in der Wüste** Von der Talsohle in Palm Springs fährt die Aerial Tramway › S. 88 auf den Mt. San Jacinto bis auf angenehm kühle 2600 m hinauf. Der Wüstenblick von dort ist überwältigend.

**29** **Tanzplatz im Wald** Bevor die Mammutbäume Kaliforniens unter Schutz gestellt wurden, haben Siedler einige gefällt und einen Stumpf der Riesenbäume sogar zum Tanzplatz gemacht. Zu sehen im Calaveras Big Trees State Park › S. 102.

**30** **Riesen-Kunst** Das erste Kunstwerk des San Francisco Museum of Modern Art › S. 112 stand schon vor dem Museum. Die Riesenskulptur »Sequence« von Richard Serra wurde zuerst aufgestellt und dann das SFMOMA drumherum gebaut.

**31** **Walvergnügen** Vor Santa Barbara sind ganzjährig Wale zu beobachten: im Frühjahr und Herbst Grauwale, im Sommer Blau- und Finnwale, zudem oft Gruppen von Orcas und Delfinen. Bootstouren bietet Condor Express › S. 109 an.

## ... MIT NACH HAUSE NEHMEN SOLLTEN

**32** **Denimklassiker** Levi Strauss hat sie erfunden, die Jeanshose. Am Stammsitz in San Francisco findet man im Levi's Flagship Store  E15 die gesamte Jeanswearpalette, z. B. eine klassische »501« ab etwa 50 $, und stets die neueste Kollektion (815 Market St.; Mo–Sa 9–21, So 10–20 Uhr).

Ausgewachsene Küsten-Redwoods

**33** **Redwood-Samen** Es vergehen zwar 800 bis 900 Jahre, bis der Mammutbaum 100 m hoch ist, aber so können Sie Ihren Nachfahren im heimischen Garten ein dauerhaftes Erbe hinterlassen. Die Souvenirläden an der Avenue of Giants › S. 142 verkaufen Samen und Setzlinge.

**34** **Gut beschirmt** Ein sicherer Hit als Mitbringsel nicht nur für Jugendliche ist eine Baseballkappe mit Namenszug der Los Angeles Angels, der San Francisco Giants oder eines anderen Sportteams. In Malls wie dem San Francisco Center gibt es spezielle Kappenläden › S. 112.

**35** **Muschelgeld** Am Strand von Morro Bay › S. 98 werden sie oft angeschwemmt, die hübsch gemusterten *Sanddollars*. Die fast kreisrunden Muscheln, eigentlich Schalen von Seeigeln, sind ein nettes Souvenir und stehen auch nicht, wie viele Muscheln, unter Artenschutz. Aber gut verpacken, sie brechen leicht!

**36 Fitness siegt** Golf- und Tennisschläger, Inlineskates und Skateboards – quasi alle Sportgeräte sind in Amerika billiger. Und dazu noch in aktuellstem Entwicklungsstand und Look. Zu bekommen z. B. bei Big 5 Sporting Goods 📖 P29 (6601 Wilshire Blvd., Los Angeles, weitere Filialen unter www.big5sportinggoods.com).

**37 Ein kleiner grüner Kaktus** Aus den Naturparks Südkaliforniens dürfen Sie natürlich keinen Cholla- oder Prickly-Pear-Kaktus entwenden. Aber in Gärtnereien gibt es Zucht-Minikakteen – oder Sie holen ihn sich als Salzstreuer aus Keramik am Souvenirstand beim Villagefest in Palm Springs › S. 88.

**38 Starfoto** Für ein paar Dollar sind Sie dabei: im Bild mit Marilyn Monroe, Michael Jackson, Elvis oder Johnny Depp. Vor dem Grauman's Chinese Theatre › S. 62 in Hollywood stehen oft sehr gut geschminkte Doubles der Stars.

**39 Pinot oder Chardonnay?** Kalifornischer Wein wird zwar längst auch in Europa verkauft, aber die feinen Tropfen, die in den kleinen *Wineries* um die Sonoma Plaza › S. 126 verkauft werden, gibt es wirklich nur dort. Zumindest eine Flasche mit Erinnerungswert passt schon ins Gepäck.

**40 Kunst & Handwerk** Ein Palmengemälde, eine kleine Keramik – auf Kunsthandwerksmärkten wird an Wochenenden viel Kram und auch etwas Kunst angeboten. So jeden

Kunst oder Krempel – auf Märkten wie Santa Barbara Arts & Crafts wird man fündig

Sonntag bei der Arts & Crafts Show im Strandpark neben Stearns Wharf › S. 109 in Santa Barbara.

## ... BLEIBEN LASSEN SOLLTEN

**41 Die Wüstenhitze unterschätzen** Vor allem im Death Valley kann die Hitze im Hochsommer mit weit über 40 °C lebensgefährlich werden › S. 79. Wenn Sie im Juli/Aug. wirklich ins Tal wollen, fahren Sie am besten gegen Abend hinein und übernachten in Furnace Creek.

**42 Ohne Orientierung fahren** In Los Angeles sollte man, ehe man losfährt, auf jeden Fall einen Blick auf die Übersichtskarte werfen. Die Entfernungen sind riesig, das Netz der Autobahnen verwirrend, und auch mit Navi biegt man schnell mal falsch ab. Da hilft es, zumindest die grobe Richtung zu wissen.

**43 Offen Alkohol trinken** Öffentlicher Alkoholkonsum ist gesetzlich verboten. Dafür müssen Sie an den Hotelpool, in die Strandbar – oder das kühle Bier verschämt aus der *brown bag*, der braunen Papiertüte, trinken › S. 150.

**44 Zigarette anzünden** Rauchen ist in Restaurants, Bars, vielen Hotels und allen öffentlichen Gebäuden verboten. Zu deren Türen müssen Raucher 5 m Abstand halten. Das Mindestalter für den Kauf von Tabakwaren – wie auch von legalem Marihuana – liegt bei 21 Jahren.

**45 Am Trinkgeld sparen** Bedienungen erhalten in den USA nur ein sehr mageres Gehalt, das Trinkgeld ist ihr eigentlicher Verdienst. 15 % *tip* sind deshalb normal, bis 20 % bei sehr gutem Service › S. 154.

**46 Nahtlos bräunen** Amerikaner sind prüde. Selbst Oben-ohne-Baden ist an Stränden verpönt und wird an belebten Beaches auch von der Polizei geahndet › S. 153.

**47 Gleich an den Tisch setzen** Außer in Fastfoodlokalen wird in Restaurants den Gästen ein Platz zugewiesen. *Wait to be seated* heißt es am Eingang, bis man zum Tisch geführt wird. Sich zu jemandem dazuzusetzen ist unhöflich › S. 51.

**48 Zu schnell im Regen** In L.A. regnet es im Sommer nie. Wenn dann im November der erste Regen fällt, gibt es Unfälle zuhauf. Der Gummiabrieb der Reifen aus den letzten Monaten macht die Straßen zu Rutschbahnen. Vorsicht also!

**49 Wildniswandern ohne Abmelden** In der Wüste und im *backcountry* der Parks und National Forests kann man sich schnell verlaufen. Für alle längeren Hikingtouren sollten Sie bei einer Rangerstation Ihre Route angeben. Und das Zurückmelden nicht vergessen!

**50 Den Pass im Hotel lassen** Dort nutzt er nichts, denn man braucht den Ausweis öfters mal, z. B. zum Reisescheck-Einlösen oder an der Kasse beim Zahlen mit Kreditkarte.

Die Golden Gate Bridge überspannt
auf fast 3 Kilometern Länge das
»Goldene Tor« zur San Francisco Bay

# REISEPLANUNG
# & ADRESSEN

# DIE REISEREGION IM ÜBERBLICK

Unter Amerikanern ist Kalifornien das beliebteste Reiseziel im eigenen Land – zu Recht. Nirgendwo sonst liegen spektakuläre Natur und spannende Metropolen so dicht gepackt, nirgendwo sonst lässt es sich so angenehm reisen, mit viel Sonne und großartigen Erlebnissen.

Ein Traumziel ist Kalifornien bereits seit den Tagen der ersten spanischen Entdecker: Die Konquistadoren träumten vom Gold, das die »Fortyniners« ein paar Jahrhunderte später in der Sierra Nevada tatsächlich fanden. Die Pioniere, die mit ihren Planwagen den weiten Kontinent durchquerten, suchten fruchtbare Täler und gutes Klima. Die Exilanten und Einwanderer des 20. Jhs. hofften auf ein neues, leichteres, freieres Leben im gelobten Land Kalifornien. Auch als Urlaubsziel hat der Golden State eine steile Karriere erlebt: Mit den Kontrasten und Superlativen Kaliforniens kann kein anderer Staat mithalten. Die ältesten, dicksten und höchsten Bäume der Welt, Kakteenwüsten und Hochgebirge, pulsierende Metropolen und urige Goldgräbernester, Bergwiesen und Nebelwälder – der drittgrößte Bundesstaat Amerikas kann alles bieten. Ob als Surfer oder Musikfan, als Wanderer oder Müßiggänger, ob als Kunstliebhaber oder als Weinkenner, jeder wird hier reichlich bedient, jeder wird sein Kalifornien finden.

Es ist nicht schwer, dieses Wunderland auf einer Urlaubsreise zu erobern. Eine nahezu perfekte Infrastruktur hilft dabei: Breite Highways, gute Restaurants, Motels und Urlaubsresorts, bestens ausgeschilderte Naturpfade und ein Heer von lächelnden Angestellten sorgen für eine reibungslose Reise und helfen, die Sehenswürdigkeiten und den entspannten Lifestyle der Westküste zu erleben.

Starten wir im Süden, in der Megametropole **Los Angeles,** die ihren Namen gern zum ikonischen »L.A.« abkürzt. Sie ist die vielfältigste Stadt Kaliforniens. Die Strände von Santa Monica und Venice, der Glamour von Hollywood und Beverly Hills, die von Palmen gesäumten Straßen in den Wohnvierteln und die Türme der Downtown – alles ist aus zahllosen Fernsehserien und Filmen bekannt und man fühlt sich selt-sam vertraut. Und irgendwo beim Shoppen oder beim Radfahren am Strand kann es tatsächlich gut sein, dass man einen echten Star trifft. Doch L.A. macht es den Besuchern nicht leicht – schon die schiere Größe der Superstadt wirkt anfangs etwas einschüchternd. Doch es wird sehr rücksichtsvoll gefahren – und ganz entspannt über die Freeways zu gleiten gehört zum Feeling von L.A. dazu. Ein Besuch in den Universal Studios oder in Disneyland, ein Abstecher zum fabelhaften Getty Museum bedeutet immer auch ein gutes Stück Fahrt im Gewirr der Stadtautobahnen. Am besten plant man die Tagesroute schon vor der Abfahrt am Morgen.

Große Distanzen warten auch rings um L.A. im ewig sonnigen **Südkalifornien.** Dies ist das Kalifornien der Beach Boys und es wird allen Klischees gerecht: Fast 200 km Strände vom Feinsten ziehen sich von Long Beach bis San Diego hin, ein Revier für Surfer, Volleyballspieler und viele andere braun gebrannte junge Leute. San Diego selbst, reizvoll gelegen zwischen Lagunen und blauem Pazifik und mit 300 Sonnentagen im Jahr, wirkt wie ein charmantes Strandstädtchen mit üppigen tropischen Gärten in den Wohnvierteln – und ist doch eine Großstadt. Im Hinterland der Küste, jenseits der Coast Mountains, erstrecken sich gewaltige Wüstenbecken. Sie reichen, einsam und sonnendurchglüht, bis zur Grenze nach Nevada, wo die Glitzerreklamen von Las Vegas weit in die Nacht strahlen. Große Naturparks wie Death Valley, Joshua Tree oder Mojave schützen hier Sanddünen und Kakteenwälder – und die ausgedörrten Salzseen um den tiefsten Punkt der westlichen Hemisphäre, Badwater im legendären Death Valley.

Nur wenige Meilen vom »Tal des Todes« entfernt ragen in **Zentralkalifornien** die zerklüfteten Granitgipfel der Sierra Nevada bis über 4000 m auf, zu deren Füßen uralte Mammutbaumhaine gedeihen und deren atemraubend schönes Herzstück im Yosemite National Park bewahrt wird. Westlich der Berge erstrecken sich im Central Valley Pfirsich- und Walnussplantagen bis zum Horizont – und Weingärten. Reben überall, hierher kommen die

Blühende Kakteen und Ocotillo-Sträucher – Frühling im Anza Borrego State Park

Abenddämmerung an L.A.s populärer Glamourmeile Hollywood Boulevard

presgünstigen, gar nicht schlechten Tafelweine Kaliforniens. Noch weiter im Westen, hinter den Küstenbergen, glitzert wieder der Pazifik, der in Zentralkalifornien seinen landschaftlichen Höhepunkt findet: Von San Luis Obispo nordwärts bis Big Sur klammert sich der Highway One an die Steilklippen hoch über der tosenden Brandung – eine magische Urlandschaft, die seit Langem Künstler und Schriftsteller inspiriert.

Nächster Stopp: **San Francisco,** die Schöne am Golden Gate. Cable-Car-Fahren, ein Bummel durch Chinatown, ein Picknick im Golden Gate Park, eine Bootstour unter der berühmten Brücke – ein Aufenthalt in der beliebtesten Stadt der Westcoast ist immer Genuss und Lebensfreude pur. Neben buntem Straßenleben kann die kunstsinnige City an der Bay aber auch mit großartigen Museen und viel Musik aufwarten – und mit weiteren Attraktionen rund um die Bay sowie den lieblichen Tälern von Napa und Sonoma im Hinterland, in denen sensationell guter Wein angebaut wird.

Bei San Francisco verläuft die Grenze zu **Nordkalifornien,** dem ruhigeren und wilderen Teil des Staates. In der Sierra Nevada künden am Highway 49 die liebevoll restaurierten Goldgräberstädtchen von den Pioniertagen. Noch weiter im Norden führen Wandertrails in bizarre Lavalandschaften der Cascade-Vulkangipfel, während sich draußen an der einsamen, oft von Nebel umwaberten Küste bis über 100 m hohe Redwood-Bäume über den Pfaden türmen.

# KLIMA & REISEZEIT

**Der Norden Kaliforniens hat echte Jahreszeiten. Nach Süden hin wird es immer heißer, sonniger und trockener.**

Kalifornien besitzt durch seine südliche Lage und die Nähe zum Ozean im Allgemeinen ein angenehmes, mediterranes Klima, also warme, im Binnenland sogar sehr heiße, trockene Sommer und nicht sehr kalte Winter mit Minusgraden in den Bergen der Sierra Nevada. Entsprechend der großen Nord-Süd-Ausdehnung gibt es aber eine beträchtliche Bandbreite, und mancherorts schlägt das Wetter ganz überraschende Kapriolen.

Ideal für längere Rundfahrten sind April und Mai im Süden sowie September bis Anfang November für den ganzen Staat. Bereisen kann man Kalifornien aber durchaus das ganze Jahr über, man muss nur wissen, welche Region wann ideal ist. Der Winter ist z.B. für die Wüsten Südkaliforniens die beste Jahreszeit, an der Nordküste ist es dann meist regnerisch und grau. Kurze, heftige Blizzards begraben die Sierra Nevada derweilen in Schnee – durchschnittlich 18 m pro Jahr. In den langen sonnigen Wochen dazwischen sind die Berge um den Lake Tahoe ein perfektes Ziel für Skifahrer und Langläufer. Frühjahrsbeginn ist in Südkalifornien bereits im März/April, dann blühen Kakteen in der Wüste, und die Fahrt entlang der Küste führt durch Wiesen voller Wildblumen. Nordkalifornien wacht dagegen erst im Mai aus dem Winterschlaf auf und ist ebenso wie die Sierra im Hochsommer am schönsten zu bereisen. Im Juli und August werden dagegen die Wüsten im Süden unerträglich heiß – bis über 50 °C im Death Valley. Im

---

### 💬 VORSICHT NEBEL!

»Der kälteste Winter, den ich je erlebt habe, war ein Sommer in San Francisco«, soll Mark Twain einmal gesagt haben. So ganz unrecht hatte er da nicht, denn der legendäre Nebel von San Francisco wabert zwar sehr fotogen über die Golden Gate Bridge, ist aber eisig kalt. Regelmäßig im Juli und August, wenn sich das Binnenland aufheizt, bilden sich über dem kalten Pazifik Nebelbänke, die über die Stadt hereinziehen und die Touristen an der Fisherman's Wharf zittern lassen. Erst Ende August klingt dieses Phänomen wieder ab – und so ist der September der wärmste Monat in San Francisco. Was viele nicht wissen, ist, dass der Nebel im Sommer entlang der gesamten Pazifikküste auftritt: Im Juni in der Region um San Diego, etwas später an der zentralen Küste um Monterey. Im Juli und August verziehen sich die Schwaden dann nach San Francisco und Nordkalifornien. Ein kleiner Trost: Der Nebel reicht selten weiter als 5 oder 10 km ins Landesinnere.

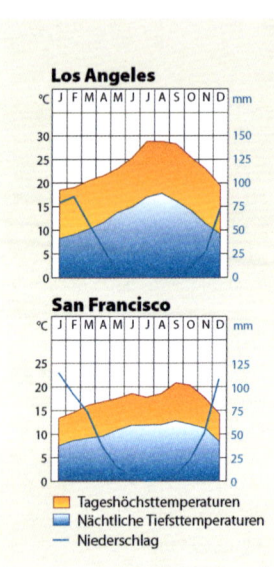

**Los Angeles**

**San Francisco**

■ Tageshöchsttemperaturen
■ Nächtliche Tiefsttemperaturen
— Niederschlag

Herbst bleibt es im Norden und im Napa Valley noch bis weit in den November hinein schön, die Region von San Francisco bis hinab nach San Diego lässt sich sogar noch im Dezember gut bereisen.

Noch eine Warnung zu den Wassertemperaturen: Wegen der kalten Meeresströmungen vor der Küste ist Kalifornien kein klassisches Strandziel. Bei San Francisco wärmt sich das Meer auch im Sommer nicht über 17 °C auf, deshalb tragen die Surfer dort auch Neoprenanzüge. An den Stränden von San Diego erreicht das Wasser im August erträgliche 22 °C. Gut baden und in den Wellen planschen kann man von Juli bis Oktober an den Stränden von Santa Barbara und südwärts.

# ANREISE

**Die wichtigsten Einreiseflughäfen in Kalifornien sind Los Angeles und San Francisco, ein Direktflug ab München dauert jeweils etwa 12 Stunden.**

Los Angeles International (LAX, www.lawa.org) und San Francisco International (SFO, www.flysfo.com) werden nonstop ab Frankfurt/M. und München von Lufthansa in Kooperation mit United Airlines angeflogen, zudem ab Wien von Austrian und ab Zürich von Swiss. Nonstop sind auch Flüge mit Eurowings nach Las Vegas und mit Condor nach San Diego und Las Vegas. Daneben gibt es von allen größeren mitteleuropäischen Flughäfen gute Umsteigeverbindungen auch mit amerikanischen Airlines: etwa mit Delta über Atlanta oder mit American Airlines über Philadelphia.

Je nach Saison schwanken die Tarife zwischen 500 und 1700 Euro in der Economyklasse. Ein Preisvergleich auf einschlägigen Intrenetportalen lohnt sich immer, und erkundigen Sie sich auch im Reisebüro nach Sondertarifen.

Viele Reiseveranstalter bieten Pauschalreisen an, die neben einem Linien- oder Charterflug auch Unterkunft und Mietwagen einschließen. Oder Sie lassen sich vom Reisebüro eine individuelle Reise als Fly-&-Drive-Tour zusammenstellen.

# REISEN IM LAND

Für eine Besichtigungstour durch Kalifornien ist ein eigenes Fahrzeug unumgänglich, das öffentliche Verkehrsnetz ist zu weitmaschig. Flüge innerhalb Kaliforniens sind generell relativ preiswert, mit Schwankungen je nach Saison, Wochentag und Ticketflexibilität.

## AUTO

Es ist fast immer preiswerter und praktischer, den Mietwagen oder Camper bereits von zu Hause aus zu buchen. Dann sind die in Kalifornien sehr teure Vollkaskoversicherung, alle Gebühren und unbegrenzte Meilen bereits im Pauschalpreis inbegriffen. Günstige Tarife vor allem für mehrwöchige Touren bieten Vermittlungsagenturen wie Sunny Cars (www.sunnycars.de). Da Mietwagen überall innerhalb des Staates einschließlich Las Vegas meist ohne Rückführgebühr zurückgegeben werden dürfen, kann man dies in die Reiseplanung einbeziehen: Man startet z.B. in San Francisco, fährt nach Los Angeles und nach Las Vegas mit dem Auto und fliegt mit einem »Gabelflug« von dort zurück nach Hause.

Für eine Automiete muss man in der Regel 21 bzw. 25 Jahre alt und im Besitz eines nationalen Führerscheins sein; der internationale Führerschein ist nicht vorgeschrieben, hilft aber manchmal bei Polizeikontrollen. Eine Kreditkarte ist bei der Anmietung meist obligatorisch bzw. erspart die Hinterlegung einer Barkaution.

**Verkehrsregeln** – die wichtigsten Unterschiede zu Europa: In Kalifornien darf man auf mehrspurigen Straßen auch rechts überholen. An roten Ampeln ist Rechtsabbiegen erlaubt, sofern man niemanden behindert und

---

### 🚐 MIETWAGEN ODER WOHNMOBIL?

Preiswerter ist der Urlaub mit dem Wohnmobil nicht unbedingt, aber man ist unabhängiger, man kann auch mal selbst kochen und ist näher an der Natur. Die Miete eines »RV« *(recreational vehicle)* lohnt sich also, wenn Sie vor allem in der Wüste, in der Sierra Nevada oder in Nordkalifornien unterwegs sein wollen. Dort gibt es auch reichlich Platz auf den breiten Highways und den großzügig angelegten Stellplätzen für die heutzutage sehr komfortablen Gefährte. Doch Vorsicht: In den Großstädten gibt es kaum Campingplätze. Wenn Sie also auch Zeit in San Francisco und L.A. planen, ist ein Mietwagen sinnvoller, vielleicht sogar ein Allrad-SUV, so hat man reichlich Platz und sitzt etwas höher.

Achtung: Reservieren Sie das Wohnmobil unbedingt rechtzeitig schon von Europa aus. In der Hochsaison sind die Vermieter oft ausgebucht!

Komfortables Bahnreisen entlang der Westküste im »Coast Starlight«

nicht der Hinweis *no right turn on red* die Bestimmung aufhebt. Viele Kreuzungen sind *4-way-stops* › S. 11: Wer zuerst gehalten hat, darf als erster weiterfahren. An Schulbussen mit rot blinkenden Warnleuchten darf nicht vorbeigefahren werden – auch nicht aus der Gegenrichtung.

Die Tempolimits sind im Ort je nach Ausschilderung 15–30 Meilen (24 bis 48 km/h), außerhalb der Ortschaften 55 Meilen (88 km/h), auf Autobahnen maximal 65–70 Meilen (105–113 km/h). In den steilen Straßen von San Francisco ist es Pflicht, beim Parken den Gang einzulegen, die Handbremse anzuziehen und das Lenkrad zum Bordstein hin einzuschlagen.

## BAHN & BUS

Die amerikanische Bahngesellschaft Amtrak bietet den California Rail Pass und andere Pässe für vergünstigte Fahrten in ihrem – allerdings sehr weitmaschigen – Routennetz an. In Kalifornien bedient Amtrak rund 30 Städte auf fünf Routen. Lohnend sind besonders längere Reisen, z.B. mit dem »Coast Starlight« von Los Angeles nach Seattle oder mit dem berühmten »California Zephir« von Chicago nach San Francisco. Informationen bei CRD International (Große Elbstr. 68, 22767 Hamburg, Tel. +49 40 300616-70, www.crd.de) sowie unter www.amtrak.com.

Das Streckennetz von Greyhound (www.greyhound.com) ist gut ausgebaut, weitere Langstreckenverbindungen bietet auch die europäische Busfirma Flixbus (www.flixbus.com). Die Busse sind modern und verfügen über WLAN, doch wie bei der Bahn bleibt man abseits der Naturparks.

#  STADTBESITZER

Albert Okura lächelt, als er auf die verwitterten Holzbuden von Amboy blickt. Amboy liegt mitten in der Mojave-Wüste an der historischen Route 66. Ein Nest unter sengender Sonne, in der heute unter einem riesigen Reklameschild nur noch Roy's offen hat, eine alte Tankstelle mit Café, die T-Shirts und Softdrinks verkauft. Pure Highway-Nostalgie. Kein Wunder, dass Werbefotografen und Doku-Filmer Amboy und Roy's gerne als Kulisse nehmen. Eine Geisterstadt aus der großen Ära der Route 66 in den 1930er Jahren.

Vor einigen Jahren war Amboy auf Ebay zu verkaufen. Niemand wollte hier mehr leben. »Ich war noch nie in der Wüste gewesen«, erzählt Albert, »aber ich fuhr hin und wusste, diesen Ort muss ich kaufen.« So kam es, dass der Sohn japanischer Einwanderer einen der ikonischen Plätze an der Route 66 rettete. Einen Ort, in dem 90 Jahre zuvor während der Weltwirtschaftskrise Tausende Anglo-Amerikaner vorbeikamen auf dem Weg ins Traumland Kalifornien.

Albert Okura machte seinen amerikanischen Traum wahr und sein Vermögen mit einer mexikanischen Fastfood-Kette, die Hühnchen verkauft. Sein historisches Interesse geht schon länger zurück: Er besitzt in San Bernardino das weltweit erste McDonald's-Lokal und bewahrt es als kleines Museum. Für gut 400 000 $ hat er Amboy 2005 ersteigert, will es als Geisterstadt erhalten und nur ein Motel und den Tankstellenladen restaurieren. »Alles andere bleibt wie es ist,« sagt er stolz, »dies ist schließlich unser amerikanisches Erbe.«

## INFO

- **Roy's Cafe** befindet sich in Amboy W25 (www.rt66roys.com), ca. 300 km östlich von Los Angeles mitten in der Wüste Südkaliforniens an der Historic Route 66, die parallel zur Autobahn I-40 führt. Derzeit werden noch die alten Holzbrücken an der Route 66 renoviert und manche Straßenstücke sind zeitweise gesperrt.
- Der weltweit erste MacDonalds eröffnete 1940 in San Bernardino und ist heute das kleine **Historic McDonald's Museum** (1398 North E Street, San Bernardino).
- **Juan Pollo** heißt Albert Okuras Fastfood-Kette mit mexikanischen Grillhühnchen, gut zwei Dutzend Lokale liegen verteilt über San Bernardino und den Osten von Los Angeles (www.juanpollo.com).

Roy's Cafe in der Geisterstadt Amboy

# GESCHMACKSZAUBERER

Die Winzer Laura und Robert Schermeister

Der Riesling vom Rhein ist schuld daran, dass Laura und Robert Schermeister heute in Glen Ellen im Sonoma Valley leben und feine Weine keltern. Robert stammt aus den Rocky Mountains von Idaho, seine deutschen Vorfahren kamen schon um 1830 aus Baden-Baden nach Amerika. Auf Europareise als Student lernte er in Deutschland den Wein lieben, sattelte im Studium auf Biochemie und Weinbau um und zog nach Stationen in Neuseeland und Australien 2007 schließlich nach Kalifornien. Dort lernte er Laura kennen, die als Grafikerin für ihn eine Website gestalten sollte. Als Paar begannen sie wenig später selbst Weine zu keltern und eröffneten 2018 eine eigene Probierstube.

»Ich möchte natürliche, nachhaltige Weine machen, in ganz kleinen Mengen, dafür qualitativ hochwertig«, beschreibt er sein Konzept. Einen eigenen Weinberg kann man sich heute in Kalifornien kaum leisten, so pachten viele junge, inspirierte Winzer nur ein Stück Weinberg oder kaufen frisch gelesene Trauben. Daraus machen sie dann in ebenfalls gemieteten Hallen verblüffend gute Weine. So wie die Pinot Noirs von Robert und Laura. *Winemaker* Robert setzt sogar auf Naturhefe, lässt seine Trauben ganz ohne Zusätze gären und dann in Eichenfässern reifen. »So bekomme ich wunderbar komplexe Aromen, die in einer langen Gärzeit von bis zu 35 Tagen entstehen,« erklärt er.

Tierlieb sind die beiden auch, mit Hund und Katze als Mitbewohner der Probierstube. Laura ist auch Vogelfreundin und so nannten sie schon 2013 einen ihrer heute beliebtesten Weine »Scavenger« (Aasfresser), nach dem kalifornischen Kondor. 20 % der Erlöse aus diesem Wein gehen an eine Schutzorganisation für bedrohte Vogelarten.

## ADRESSEN

• **Schermeister Winery** 📖 E13
14301 Arnold Dr. | Studio 28
Glen Ellen | www.schermeister.com
In der Probierstube trifft man die Schermeisters Do–So 11–17 Uhr und kann die Weine verkosten.
• Lauras Lieblingsrestaurant mit moderner italo-mediterraner Küche ist **Glen Ellen Star** (13648 Arnold Dr., Glen Ellen, Tel. 707-343-1384; €€–€€€). Robert liebt die nepalesisch-indische Kost im **Yeti Restaurant** (14301 Arnold Dr., Glen Ellen, Tel. 747-998-0060; €–€€).

# SPORT & AKTIVITÄTEN

Inlineskating, Mountainbiking, Snowboarden, fast alle neueren Trendsportarten kamen aus Kalifornien. Nirgendwo sonst ist der Fitnesskult so ausgeprägt wie im Golden State – Muskelmann Arnold Schwarzenegger wurde hier sogar zum Gouverneur gewählt.

## GOLF, TENNIS, RADFAHREN

Es muss keine verrückte neue Sportart sein, auch für ganz normale Freizeitaktivitäten hat Kalifornien die idealen Voraussetzungen. Tennis, Biking und Golf sind Volkssport. Quasi zu jedem Ferienhotel gehören einige Tennisplätze und ein eigener Golfplatz, Fahrräder werden oft kostenlos gestellt, oder man holt sie im nahen *bike rental shop*.

Santa Barbara ist mit mehreren Trainingszentren ein Dorado für Tennisspieler. Golfer finden die meisten und schönsten Plätze um Monterey/Carmel, San Diego und Palm Springs. Der fabelhaft gelegene, von den Pazifikwellen umtoste Pebble Beach Golf Course auf der Monterey Peninsula zählt sogar zu den drei besten Plätzen der Welt. Infos über viele der gut 900 Golfplätze im Staat, auch Teetime-Buchung bei www.golfcalifornia.com.

## WANDERN & KLETTERN

In den State und National Parks existiert ein gutes Netz von Trails für jeden Schwierigkeitsgrad. Besonders attraktiv sind die Pfade im Hinterland des Yosemite und des Kings Canyon National Park. Aber auch in weniger bekannten Naturparks wie etwa dem Anza Borrego State Park in der Wüste Südkaliforniens oder im Lassen Volcanic National Park in Nordkalifornien warten herrliche Halbtages- und Tageswanderwege. Der längste Pfad aber ist der **Pacific Crest Trail**, ein Fernwanderweg, der dem Grat der Berge fast 3000 km von Kanada bis Mexiko folgt (www.pcta.org).

Die steilen Felsen des Yosemite Valley sind ein Mekka der Extrembergsteiger; Freeclimber zieht es zu den Kletterfelsen im Joshua Tree National Park. Für Einsteiger werden Kurse angeboten:

**Yosemite Mountaineering School** 📖 M15
Kletterkurse und hochalpine Wandertouren im Park.
• 9017 Village Dr. | Yosemite
Tel. 209-372-8344
www.travelyosemite.com

**Vertical Adventures** 📖 V28
Kletterkurse in den Wüstenregionen von Joshua Tree N.P. und Mt. San Jacinto.
• Newport Beach | Tel. 949-854-6250
www.vertical-adventures.com

## WASSERSPORT

Seit den ersten Surfmovies der 1950er-Jahre und dem »Surfin' USA« der Beach Boys hat sich das Wellenreiten zum Sinnbild des kalifornischen Lifestyle entwickelt. Santa Cruz, Zuma Beach in Malibu und Huntington Beach sind auch heute die beliebtesten Surfspots des Staates. Dort können Sie nach einem kurzen Grundkurs auch selbst in die Wellen.

Aber auch wenn Sie nicht surfen – Wasserspaß findet sich in Kalifornien überall. Zum kleinsten Motel gehört ein Swimmingpool, auf den großen Seen Nordkaliforniens kann man Paddeln und Wasserski fahren und auf den Wildwasserflüssen der Sierra, z.B. auf dem American River, einst der berühmte Fluss der Goldsucher, werden turbulente Raftingtouren angeboten.

Die besten Strände Kaliforniens > S. 68 liegen um Santa Barbara, Santa Monica, Laguna Beach und San Diego. Im Norden ist das Wasser meist zu kalt zum Schwimmen, aber an den klippenumrahmten Buchten lässt es sich wunderbar Strandwandern. Zum Schnorcheln eigenen sich die Küsten Kaliforniens nicht so gut, aber Taucher können einzigartige Tangwälder, die *kelp forests*, mit über 20 m langen, wuchernden Seetangsträngen erkunden. Dive Shops in Santa Barbara, Ventura und San Diego bieten geführte Tauchgänge an.

### Mariah Wilderness Expeditions  J12

Raftingtouren auf den Flüssen der Sierra Nevada. > mehr S. 12 Punkt ➍
● Lotus | Tel. 530-626-6049
www.mariahrafting.com

### Corky Carroll's Surf School Q28

Surfkurse für Alt und Jung ab 4 Jahre.
● Bolsa Chica State Beach
Huntington Beach | Tel. 714-969-3959
www.surfschool.net

### Truth Aquatics M26

SUP, Seakayaking und Tauchen um die Channel Islands. > mehr S. 13 Punkt ➐
● 301 W. Cabrillo Blvd. | Santa Barbara
Tel. 805-962-1127 | www.truthaquatics.net

Surfen in den Sonnenuntergang am Pier von Huntington Beach

# UNTERKUNFT

Von eleganten Stadthotels und legeren Strandresorts bis zu historischen Inns und günstigen Airbnb-Zimmern, von luxuriösen Anlagen für Golfer zu preisgünstigen Motels am Highway ist in Kalifornien alles zu finden.

Zumindest für die ersten Nächte nach der Ankunft in San Francisco oder Los Angeles sollten Sie schon von zu Hause ein Zimmer reservieren. In der Hochsaison (Juni–Sept.) ist auch in den touristischen Zentren wie Monterey/Carmel, Napa Valley, San Francisco oder Santa Barbara eine Reservierung sehr ratsam. Im Yosemite National Park heißt es stets vorab buchen, und auch zu Feiertagswochenenden wie Memorial Day oder Labor Day. Ansonsten kann man im Frühjahr, Herbst und Winter recht gut ohne detaillierte Zimmerplanung reisen. Ein einfaches Motel am Wegrand findet man immer, und in besseren Hotels sind dann die Preise etwa 30–40 % günstiger als zur Hochsaison. Im Winter haben nur die Wüstenstädte wie Palm Springs Saison, deren Zimmer im heißen Sommer oft 50 % weniger kosten.

## HOTELS/MOTELS

Der Standard der Hotels und Motels ist im Allgemeinen sehr gut: Telefon, Fernseher, eigenes Bad und oft sogar ein Swimmingpool gehören auch in den kleineren Motels zur Grundausstattung. Alle größeren Ferienhotels haben Poollandschaften und Wellnessbereiche, oft auch einen eigenen Golfplatz. Hotels besitzen meist eigene Restaurants, beim Motel geht man nebenan in den Coffeeshop oder Diner. Mittlerweile wird aber in vielen Häusern ein kostenloses kleines Frühstücksbuffet für die Gäste angerichtet.

Wenn man bei einer Rundfahrt oft nur für eine Nacht bleiben will, sind die preisgünstigen Häuser der sogenannten **Economy Motels** zu empfehlen, z. B. Motel 6, Super 8, Comfort Inn oder America's Best Value Inn. Eine Kategorie komfortabler sind **Standard Motels** wie Best Western oder Hampton Inn. **Gehobene Kettenhotels** wie Sheraton, Holiday Inn, oder Marriott besitzen dann schon Fitnessraum, eigenes Restaurant und Bar. Ganz am oberen Ende der Skala schlafen Sie dann in den feinen Daunenbetten der **Luxury Brand Hotels** wie Fairmont, Hyatt oder Westin. Eine Sonderklasse stellen die **Boutique Hotels** dar, coole, stylisch möblierte oder stilvoll renovierte Unterkünfte, die auch viel »California Feeling« bieten › S. 35.

Innerhalb der Ketten kann man auch Reservierungen von einem Motel zum nächsten vornehmen. Oder Sie reservieren die nächste Nacht unterwegs über die gebührenfreien 1-800-, 866-, 877- oder 888-Nummern – am besten unter Angabe einer Kreditkartennummer, da sonst das Zimmer nur bis 16 oder 18 Uhr freigehalten wird.

Das Hotel del Coronado am Strand von San Diego hat eine illustre Gästeliste

### BED & BREAKFAST

Stilvolles Übernachten in B & B-Häusern hat sich in Kalifornien zum Trend entwickelt. Meist sind es nicht einfache Zimmer mit Frühstück, sondern liebevoll restaurierte viktorianische Villen, romantisch gestylte moderne Gästehäuser oder auch historische Goldgräberhotels, die als B & Bs geführt werden. Die charmantesten findet man in Nordkalifornien, im Napa Valley und im Gold Country der Sierra Nevada. Einzige Einschränkung: Viele der mit viel Liebe zum Detail historisch möblierten Inns erlauben keine oder nur ältere Kinder.

Die Preise liegen meist bei etwa 100–120 $ aufwärts, bei den besonders luxuriösen B & Bs sogar bei 300 $ und mehr – vor allem an Wochenenden, wenn die Kalifornier zum Kurzurlaub, zum *romantic getaway*, aus der Großstadt anreisen. Über 200 B & B-Adressen führt die **California Association of Boutique Bed & Breakfast Inns** (414 29th St., Sacramento, Tel. 916-554-2673, www.cabbi.com).

### FERIENHÄUSER/APARTMENTS

Für mehrtägige oder mehrwöchige Aufenthalte an einem Ort lohnt es sich, die örtlichen Angebote von Privatvermietern zu checken: Bei Airbnb (www.airbnb.de) finden Sie die beste Auswahl für einige Nächte. Wenn Sie eine Woche oder mehr bleiben wollen, ist die Suche bei www.vrbo.com oder www.flipkey.com am erfolgreichsten.

### HOSTELS

Die rund 20 kalifornischen Herbergen der **American Youth Hostels** stehen v. a. in den Großstädten, in der Sierra Nevada und in Nordkalifornien. Frühe Anmeldung ist ratsam; Infos unter www.hiusa.org.

Dazu gibt es weitere Backpacker Hostels in vielen anderen Städten; Infos z. B. unter www.hostels.com.

## CAMPING

Kalifornien ist fast rund ums Jahr ein ideales Camperland – im Sommer besser im Norden, im Winter mehr im Süden. Überall in den State und National Parks gibt es einfach ausgestattete, aber oft sehr schön gelegene öffentliche Campingplätze, die Gebühren liegen bei 10–70 $ pro Tag. Zu jedem Stellplatz gehören in der Regel eine Feuerstelle sowie eine Holztisch- und Bank-Kombination; Waschgelegenheit und Toiletten sind nahebei. Vor allem zu Ferienzeiten und an Feiertagswochenenden sollten Sie möglichst lange vorab reservieren, aber auch sonst ist es zu empfehlen, bei **National Parks und National Forests** (Tel. 606-515-6777, www.recreation.gov) oder **California State Parks** (Tel. 518-218-5077, www.reservecalifornia.com).

Die privaten Campingplätze, *RV Parks* heißen sie meist, liegen außerhalb am Rand der Parks, in der Nähe der großen Highways und auch am Rand der Metropolen. Direkt in San Francisco oder Los Angeles gibt es keine Plätze. Je nach Lage und Komfort des Campingplatzes liegen die Preise pro Nacht für zwei Personen bei 25–80 $. Zu den besten und saubersten gehören die Plätze der weit verbreiteten Kette KOA; sie verfügen über Duschen, Swimmingpool, Waschsalon und einen kleinen Laden: **KOA Kampgrounds of America**, Tel. 1-888-562-0000, www.koa.com.

Eine nützliche Website mit zahlreichen Camping-Infos und -Links ist www.camp-california.com.

**BESONDERE HOTELS**

- Yogamatten im Zimmer, Bikes in der Lobby, Surfszene vor der Tür: das **Shorebreak Hotel** ist perfekt für Aktivurlauber. > S. 81
- Der weiß-rote Zuckerbäckerpalast des historischen **Hotel del Coronado** am Strand von San Diego könnte gut als Kulisse für den Great Gatsby dienen. > S. 86
- Neu gestylt ist das **Kimpton Goodland** ▊ M26 nördlich von Santa Barbara jetzt ein cooles Retromotel mit schicker Bar und Seventies-Pool (5650 Calle Real, Goleta, Tel. 805-964-6241, www.thegoodland.com; €€€).
- »Mid Century Modern« heißt der Baustil des **Orbit In** ▊ U28 von 1957. In jüngerer Zeit renoviert sieht das kleine Juwel in der Wüste immer noch prima aus (562 West Arenas Road, Palm Springs, Tel. 760-323-3585, www.orbitin.com; €€).
- Auch die Goldgräber haben sich schon im **National Hotel** ▊ K14, wohlgefühlt, Kaliforniens ältestem Gasthaus (18183 Main Street, Jamestown, Tel. 209-984-3446, www.national-hotel.com; €€).
- Der **Requa Inn** ▊ B2 tief in den Wäldern Nordkaliforniens ist ein gemütlicher alter Gasthof, ideal für Wanderer, Naturfreunde und Genießer. Die schätzen auch die feine Küche (451 Requa Road, Klamath, Tel. 707-482-1425, www.requainn.com; €€).

California Feeling pur
am Strand von Santa Monica

# LAND & LEUTE

# STECKBRIEF

- **Fläche:** 411 015 km², drittgrößter US-Staat
- **Bevölkerung:** 39,6 Mio., davon 39 % Hispanics und Latinos, 37 % Weiße (nicht-hispanisch), 15 % asiatischer und 6,5 % afroamerikanischer Abstammung
- **Größte Städte:** Los Angeles (13,4 Mio. Einw.), San Francisco (4,7 Mio. Einw.), San Diego (3,3 Mio. Einw.); Hauptstadt: Sacramento (2,3 Mio. Einw.)
- **Höchster Punkt:** Mount Whitney in der Sierra Nevada (4418 m)
- **Tiefster Punkt:** Bei Badwater im Death Valley (−86 m)
- **Währung:** US-Dollar ($)
- **Zeitzone:** Pacific Time (MEZ − 9 Stunden), Sommerzeit vom 2. So im März bis zum 1. So im November
- **Landesvorwahl:** 001

## LAGE & LANDSCHAFT

Kalifornien erstreckt sich an der Pazifikküste Amerikas etwa zwischen dem 42. und 33. Breitengrad, das entspricht einer Lage zwischen Rom und Casablanca. Die meisten Grenzen sind mit dem »politischen Lineal« gezogen: nach Norden hin zu Oregon, nach Süden zu Mexiko und nach Osten zu Nevada. Große Bergzüge, die alle in Nord-Süd-Richtung verlaufen, sorgen für landschaftliche Vielfalt: Im Osten ragen die von Eiszeitgletschern glatt geschliffenen Granitwände der Sierra Nevada auf über 4000 m auf. Direkt an der Küste verlaufen die niedrigeren Coast Ranges, die mit ihren Steilklippen südlich von Monterey die Kulisse für die »Traumstraße der Welt« (Hwy. 1) bilden.

Kaliforniens Küstenlinie umfasst 2000 km, seine Strände liegen in erster Linie im Süden, Richtung Norden wird die Küste immer felsiger und rauer. Im Binnenland zwischen den Coast Ranges und der Sierra Nevada dehnt sich das Central Valley, ein 600 km langes, fruchtbares Schwemmlandbecken, extrem wichtig für die Landwirtschaft. Heiß und öde wird es in den Wüsten des Südens: Imperial Valley und das berühmte Death Valley sind große Grabenbrüche, z. T. unter dem Meeresspiegel. Im kühleren grünen Norden Kaliforniens prägen die Vulkankegel der Cascade Mountains die Landschaft. Die Lavafelder und Thermalgebiete im Lassen Volcanic National Park zeugen von den Urkräften im Untergrund.

Diese offenbaren sich auch in Süd- und Zentralkalifornien: Hier verläuft Richtung Nordwesten der San-Andreas-Graben, die Trennlinie zwischen der Pazifischen und der Nordamerikanischen Kontinentalplatte. Bis zu 300 km dick, driften diese Schollen auf dem zähflüssigen Magma des Erdmantels aneinander vorbei, mit einer Geschwindigkeit von etwa 3 cm pro Jahr. Verkanten sie und reißen sich wieder voneinander los, bebt die Erde › S. 42.

## POLITIK & VERWALTUNG

Nach dem Vorbild der Bundesregierung in Washington besteht die Regierung Kaliforniens heute aus Legislative, Exekutive und Judikative, deren Politik vom Wechselspiel des klassischen Zweiparteiensystems, von Republikanern und Demokraten bestimmt wird. An der Spitze steht der für jeweils vier Jahre vom Volk direkt gewählte *governor* mit Sitz in Sacramento. In Washington ist der Bundesstaat mit zwei Senatoren und mit 53 Abgeordneten im Repräsentantenhaus vertreten.

Kalifornien hat wie die anderen 49 Bundesstaaten eigene Zuständigkeit für Schulwesen, Polizei, Zivil- und Strafgerichtsbarkeit sowie Kulturpolitik. Bei jeder Wahl stehen auch Volksbegehren auf der Liste. Diese *propositions* können kleinere Belange regeln, aber auch den Staatshaushalt auf den Kopf stellen. Sie regeln das teils drakonische Rechtssystem, finanzieren Schulen, erhöhen die Tabaksteuer; eine *proposition* legalisierte z. B. 2016 auch den Konsum von Marihuana.

## WIRTSCHAFT

Wäre Kalifornien ein eigenständiges Land, so stünde es ökonomisch auf Platz sechs der Weltrangliste, noch vor Frankreich. Mit Firmen wie Apple, Intel, Google oder Facebook steht vor allem die Hightech-Industrie mit ihrem Zentrum im Silicon Valley bei San Francisco an der Weltspitze. Ebenfalls weltweit führend ist im Süden Kaliforniens die Filmindustrie, mehr als 250 000 Menschen arbeiten in der Unterhaltungsbranche Hollywoods. Daneben zählen in Los Angeles Fahrzeugbau, Logistik, Elektronik- und verarbeitende Industrien zu den größten Arbeitgebern.

Bodenschätze sind dünn gesät im »Golden State«: Das Gold der Sierra Nevada wurde bereits im letzten Jahrhundert ausgebeutet. Seither hat man nur um 1900 Öl- und Erdgasvorkommen in Südkalifornien entdeckt, die Los Angeles und Bakersfield zu Standorten der Petrochemie machten. Das Central Valley Kaliforniens ist dank intensiver Bewässerung – und trotz langer Dürreperioden – die fruchtbarste Anbauregion des ganzen Kontinents: Obst, Gemüse, Nüsse, Reis und Baumwolle gedeihen hier. Immer wichtiger wird der Weinanbau: Berühmte Tropfen kommen aus den Tälern von Napa und Sonoma, aus dem Central Valley Tafelweine.

Nicht zu vergessen der Wirtschaftsfaktor Tourismus: Hollywood, San Francisco und zahlreiche Naturparks locken jedes Jahr Millionen Besucher an, die mehr als eine Million Jobs sichern.

# GESCHICHTE IM ÜBERBLICK

**Ca. 12 000 bis 25 000 v. Chr.** Nomadische Stämme aus Asien wandern über die zugefrorene Beringstraße ein und besiedeln den amerikanischen Kontinent.

**500 n. Chr.** In Kalifornien bilden sich die historisch bekannten indianischen Völker: die Miwok im Gebiet der San Francisco Bay, die Yokut im Central Valley, die Cahuilla in den Wüsten des Südens und 80 weitere Stämme.

**1492** Als Columbus die Neue Welt entdeckt, leben ca. 300 000 sogenannte »Indianer« in Kalifornien.

**1542** João Rodriguez Cabrilho, ein Portugiese in spanischen Diensten, erkundet die Pazifikküste und entdeckt die Bucht von San Diego. Während der nächsten zwei Jahrhunderte folgen in großen Abständen weitere Expeditionen. Auch der Engländer Sir Francis Drake erreicht die kalifornische Küste.

**1769** Um ihren Besitzanspruch auf Alta California, das heutige Kalifornien, zu untermauern, errichten die Spanier von San Diego nordwärts bis San Francisco eine Kette von Missionsstationen und Presidios (Militärfestungen). Der Druck wächst, denn auch die Engländer und Russen (von Alaska aus) bekunden Interesse an Kalifornien.

**1821** Mexiko sagt sich von Spanien los und wird – mit Alta California – unabhängig. Durch eingeschleppte Krankheiten wie Pocken, Masern und Syphilis sinkt die Zahl der indigenen Bevölkerung drastisch.

**1846** Amerikanische Siedler erklären Kalifornien zur Republik und hissen in Sonoma die bis heute gültige Staatsflagge mit dem Bild eines Grizzlybären. Daraufhin bricht ein Krieg zwischen Mexiko und USA aus, in dem Mexiko unterliegt.

**1848** Am 2. Jan. muss Mexiko im Friedensvertrag von Guadalupe-Hidalgo Kalifornien und den ganzen Südwesten an die USA abtreten. Nur wenige Tage später wird in der Sierra Nevada Gold entdeckt: Der Gold Rush zieht Tausende Goldsucher aus aller Welt an.

**1850** Kalifornien wird zum US-Bundesstaat erklärt, mit Sacramento als Hauptstadt. 1852 hat Kalifornien bereits 250 000 Einwohner.

**1869** Die transkontinentale Eisenbahn (Union/Central Pacific) wird vollendet. Viele der für den Bahnbau angeworbenen chinesischen Arbeiter lassen sich in San Francisco nieder.

**1873** Die ersten Cable Cars rollen durch San Francisco.

**1906** Am 18. April, Karfreitagmorgen, erschüttert ein schweres Erdbeben San Francisco. Die Stadt wird im folgenden Großbrand zu 80 % zerstört.

**1915** San Francisco feiert seinen Wiederaufbau mit der großen Panama-Pacific Weltausstellung. Zur selben Zeit etabliert sich in Los Angeles, im Vorort Hollywood, die Filmindustrie. Bewässerungskanäle erschließen die Wüsten, in Südkalifornien wird Öl entdeckt.

**1929** Die Weltwirtschaftskrise bringt harte Zeiten für Kalifornien. Mit Arbeitsprogrammen wie dem Bau der Golden Gate Bridge (1937) sucht die Regierung nach Beschäftigungsmöglichkeiten.

**1941** Im Zweiten Weltkrieg entstehen große Rüstungsbetriebe. Die Häfen von San Diego und San Francisco werden wichtige Stützpunkte für den Pazifikkrieg.

**1961** Mit 16 Mio. Einwohnern wird Kalifornien bevölkerungsreichster US-Staat. Hinzu kommt eine stetig wachsende Dunkelziffer illegal eingewanderter Mexikaner.

**1967** Flowerpower in San Francisco: Haight-Ashbury und der Golden Gate Park werden Zentren der Hippiebewegung. In Oakland formieren sich die Black Panther, an der Uni in Berkeley blüht das Free Speech Movement als Reaktion auf den Vietnamkrieg auf.

**1984** Olympische Sommerspiele in Los Angeles. Thema Nummer Eins in San Francisco ist, v. a. in der Schwulenszene, die Immunschwächekrankheit Aids.

**1992** Rassenunruhen in L.A., im Januar 1994 folgt ein großes Erdbeben. Nach jahrzehntelangem Wachstum beginnt erstmals eine Abwanderung: Wohlhabende Kalifornier ziehen in grüne, smogfreie Staaten wie Oregon oder Colorado.

**2000** High-Tech-Boom im Silicon Valley. Doch bald platzt die Spekulationsblase der New Economy und die Region San Francisco stürzt in eine Wirtschaftskrise, die von den Folgen der Terroranschläge des 11. Sept. 2001 noch verstärkt wird.

Das California State Capitol in Sacramento

**2003** Ex-»Terminator« Arnold Schwarzenegger amtiert bis 2011 als Gouverneur in Sacramento, seine Verdienste werden v. a. in der Umweltpolitik gesehen.

**2008** Die Finanzkrise führt zu einer dramatischen Staatsverschuldung Kaliforniens, aber bereits 2012 befindet sich die Wirtschaft wieder im Aufschwung.

**2016/17** Nach fünf Dürrejahren füllen ergiebige Winterniederschläge Nordkaliforniens Stauseen.

**2017** Der für die Republikaner angetretene Milliardär Donald Trump ist seit Jan. US-Präsident, »America first« ist das Motto seiner Politik.

**2018** Die schlimmsten Waldbrände in der Geschichte Kaliforniens verwüsten fast 800 000 ha Land, mehr als 100 Menschen sterben.

**2019** Gavin Newsom übernimmt nach den Wahlen im Nov. 2018 von Jerry Brown das Amt als kalifornischer Gouverneur – beide Demokraten und scharfe Trump-Kritiker.

# NATUR & UMWELT

**Meeresküsten, Wüsten, hohe Bergketten und eine subtropische Lage bescheren Kalifornien eine beeindruckende Vielfalt an Flora und Fauna.**

## FLORA & FAUNA

Fast alle Vegetationszonen unserer Erde kommen vor: Die Palette reicht vom feuchtem Redwood-Nebelwald an der Pazifikküste im Norden zur hochalpinen Zone an den meist schneebedeckten Berggipfeln der Sierra Nevada und südwärts zu den sonnendurchglühten Kakteenwüsten.

Gut die Hälfte des Staates ist dicht bewaldet, die größten Waldgebiete liegen in der Sierra Nevada sowie in den Cascade und Klamath Mountains im Norden. Die Waldgrenze reicht dank des südländischen Klimas bis weit über 3000 m Höhe. Kiefern (Ponderosa-, Zucker und Gelbkiefern) und Schwarzeichen sowie in höheren Lagen auch Fichten sind die wichtigsten Baumarten. Die zentrale Sierra Nevada bietet dazu den weltweit einzigen natürlichen Lebensraum für die Sequoias, die berühmten Mammutbäume. Ihre nahen Verwandten, die nicht weniger spektakulären Redwoods, wachsen in den feuchten Wäldern an der Pazifikküste zu Rekordhöhen von 120 m heran › Seitenblick S. 102.

*Chaparral*, eine Art kalifornischer Macchia, zahlreiche Eichenarten und Steppengräser bestimmen die Vegetation im Central Valley und in den Hügeln Südkaliforniens, wo im Herbst nach längeren Trockenperioden im-

---

### 💬 WARTEN AUF »THE BIG ONE«

Beim Dinner oder auf Partys sollten Sie das Thema besser nicht erwähnen: Über Erdbeben spricht man weder in San Francisco noch in L.A. Sicher, jeder weiß um die ständige Möglichkeit eines Bebens, man muss es sich aber nicht ständig vor Augen halten. Sitzt doch etwa San Francisco direkt neben der Verwerfung des San-Andreas-Grabens › S. 39, die nur die berühmteste eines komplexen tektonischen Störungssystems ist. Unzählige weitere Risse durchziehen den Boden v. a. im Süden Kaliforniens und lösen immer wieder kaum spürbare Mikrobeben aus. Alle ein bis zwei Jahrhunderte ist es dann soweit: Ein *Big One* rüttelt Kalifornien durch. 1906 legte das letzte große Erdbeben mit einer Stärke über 8,0 San Francisco in Schutt und Asche. Das Beben am 17. Okt. 1989 erreichte »nur« 7,0 auf der Richterskala, der *quake* im Januar 1994 in Los Angeles war nicht viel stärker. Beben bis zur Stärke 7 können die neueren Gebäude mühelos verkraften. Doch das eigentliche große Beben, *The Big One*, steht in San Francisco nach wie vor an. Vermutlich irgendwann innerhalb der nächsten 100 Jahre …

Traumlandschaft in Rot-Gelb-Tönen – Sanddünen und Sandsteinfelsen im Death Valley

mer wieder große Buschfeuer wüten. Das extrem trockene und heiße Klima im Binnenland bedingt die vielfältige Wüstenvegetation der Mojave und der Anza Borrego Desert mit Kakteen und den charakteristischen Joshua Trees, einer Yucca-Art.

Dank der kalten, nährstoffreichen Meeresströmungen gedeihen vor der Küste Zentral- und Südkaliforniens ganze Wälder von Seetang, die so genannten *kelp beds*. Sie bilden die Lebensgrundlage für zahlreiche Fischarten und Meeressäuger, darunter Robben, Seeelefanten, Seelöwen und der während der Pelzhändlerzeiten nahezu ausgerottete Seeotter. Die Landfauna Kaliforniens reicht von den allgegenwärtigen Erd- und Eichhörnchen über Waschbären, Wüstenfüchse, Stachelschweine und Kojoten zu nordamerikanischen Rehen, Antilopen und Hirschen. In der Sierra Nevada leben auch noch Schwarzbären. Das Wappentier des Staates, der früher weit verbreitete Grizzlybär, ist dagegen ausgerottet.

## ÖKOLOGISCHE BELASTUNGEN & UMWELTSCHUTZ

Heute sind weite Teile Kaliforniens besiedelt und die Wälder des Nordens durch exzessiven Holzeinschlag dezimiert. Doch man hat auch frühzeitig begonnen, große Gebiete unter Schutz zu stellen. Bereits 1864 wurde das Yosemite-Tal zum ersten Naturpark Amerikas erklärt. Heute sind fast 40 000 km² Land in Kalifornien in Nationalparks geschützt, weitere 5000 km² in State Parks. In den neun National Parks, 22 National Forests und rund 280 State Parks – insgesamt fast die Hälfte des gesamten Staatsgebietes – kann man heute weitgehend ursprüngliche Natur erleben, wandern und campen. Besonders in den National Parks steht der Naturschutz an erster Stelle – und es gelten strikte Regeln: Jede Belästigung der Tiere oder fahrlässige Zerstörung von Pflanzen ist untersagt. Putzige Wasch- oder gar Schwarzbären zu füttern, kann Bußgeld bedeuten – ebenso wie ein selbstgepflückter Blumenstrauß.

Doch Kalifornien wurde vom Menschen auch drastisch verändert, vor allem durch die gigantischen Bewässerungsprojekte im Central Valley und in den Wüsten im Süden. Die Metropole Los Angeles saugt Wasser aus dem Norden ab wie ein Schwamm. Immerhin können die Umweltschützer auch eine Erfolgsstory vorweisen: Der schon totgesagte Mono Lake auf der Ostseite der Sierra Nevada, ein wichtiger Stopp der Zugvögel, wurde nach einer langen Kampagne gerettet, seit 2004 blieb sein Wasserspiegel über der kritischen Höhe.

Die Natur zu erhalten und das Leben der Menschen gesünder zu machen, hat Kalifornien durch den legendären Smog in Los Angeles leidvoll erlernen müssen. Doch Trends kommen oft aus Kalifornien, an jungen Aktivisten für neue Ideen mangelt es nie und auch der Umweltschutz der Zukunft wird dort mitgeformt. Ob Innovationen bei Solar- und Windkraftwerken, erfolgreiche Elektroautos von Tesla oder Fischgerichte aus nachhaltigem Fang, wie sie das Monterey Aquarium schon lange propagiert – für Ideen und die tatkräftige Umsetzung ist Kalifornien berühmt. Auch früher war der Staat schon häufig Vorreiter für den Umweltschutz und kalifornische Regelungen etwa für Autos sind besonders strikt. Seit 2017 sind in Supermärkten und Läden Kaliforniens sogar die Einwegplastiktüten gesetzlich verboten.

# BEVÖLKERUNG

**Kalifornien ist neben New York das klassische Einwandererziel Amerikas und seit den 1960er-Jahren auch der bevölkerungsreichste Bundesstaat der Vereinigten Staaten.**

Über Jahrzehnte lagen die Zuwachsraten bei 3–4 %, jedes Jahr. Fast ein Drittel aller Einwanderer in die USA ließ sich im 20. Jh. in Kalifornien nieder. Allein zwischen 1980 und 2000 wuchs die Bevölkerung um fast 10 Mio. auf 33,9 Mio. Menschen.

Seitdem hat sich – vor allem wegen der Wirtschaftskrisen in den 1990er-Jahren und 2008 – der Zustrom abgeschwächt und lag in den letzten zehn Jahren nur noch bei etwa 1–2 %. Zuwanderung gibt es noch immer, besonders Südkalifornien und die ruhigeren, grüneren (und weniger von Erdbeben bedrohten) Bezirke von Nordkalifornien und der Sierra Nevada wachsen weiter. Aber in den letzten 20 Jahren sind auch viele Kalifornier nach Oregon, Colorado und andere Staaten umgezogen – wegen günstigerer Lebenshaltungskosten, mehr Platz und Grün. Rund 90 % der Kalifornier leben übrigens in Städten, was von der enorm hohen Urbanisierung des Bundesstaates zeugt.

Von den heute rund 40 Mio. Einwohnern Kaliforniens sind drei Viertel weißer Hautfarbe, nur noch gut ein Drittel davon ist angelsächsischer Herkunft – und mehr als die Hälfte ist hispanischer Abstammung *(Latinos)*. Doch haben sich bereits seit den Goldgräbertagen auch zahlreiche andere europäische Volksgruppen dazugesellt: Deutsche, Skandinavier, Iren und Italiener. Später kamen Juden und Griechen, Russen und viele andere osteuropäische Einwanderer hinzu. Gut 15 % der Gesamtbevölkerung bilden die Kalifornier asiatischer Herkunft. Allein im letzten Jahrzehnt haben sie sich durch starke Zuwanderung aus Vietnam, Kambodscha und Hongkong mehr als verdoppelt.

Der Anteil der Afroamerikaner ist dagegen im Landesvergleich gering: nur etwa 6,5 %. Die *Blacks,* wie sie sich untereinander nennen, leben vorwiegend in Los Angeles und in Oakland am Ostufer der San Francisco Bay.

Noch weit geringer ist der Anteil der amerikanischen Ureinwohner: Mit rund 360 000 Menschen machen die *Native Americans* weniger als 1 % der Gesamtbevölkerung aus. Die Stämme Kaliforniens wurden im letzten Jahrhundert stark dezimiert. Die spanischen Eroberer siedelten sie während der Kolonialzeit um die Missionsstationen an und nur wenige überlebten die europäischen Krankheiten, denen sie dort ausgesetzt waren. Ihre Nachkommen leben heute in 96 kleinen, über den ganzen Staat verstreuten Reservationen. Manchen von ihnen geht es relativ gut, wie etwa den Cahuilla von Palm Springs, die Einkünfte aus Landverpachtung und Casinos erwirtschaften können. Andere Stämme leben bis heute relativ abgeschieden in der Sierra Nevada und versuchen, etwas von ihren Traditionen zu erhalten – doch Autos und Fernsehen haben alle. Die meisten anderen heute in Kalifornien lebenden Native Americans sind Zuwanderer aus den ganzen Vereinigten Staaten, Navajo, Sioux und viele andere Stammesgruppen, und sie leben in der Regel recht unauffällig in den Metropolen Los Angeles oder San Francisco.

Festival in der Olvera Street, dem Zentrum der mexikanischen Kultur in Los Angeles

Weit augenfälliger ist die am stärksten wachsende Bevölkerungsgruppe Kaliforniens: die *Hispanics,* überwiegend Mexikaner, aber auch Einwanderer aus anderen Staaten Mittel- und Südamerikas. Sie stellen heute mit offiziell rund 14 Mio. Menschen bereits 39 % der Bevölkerung. Wahrscheinlich ist ihre Gesamtzahl durch die Dunkelziffer der illegalen Einwanderer sogar noch weit höher. Ein kleiner Prozentsatz dieser *Latinos* sind Nachfahren der ersten spanischen Kolonisatoren im 18. Jh., die meisten kamen jedoch als Goldgräber und Farmarbeiter nach dem großen Goldrausch von 1849 und in jüngerer Zeit ins Land.

In den letzten Jahrzehnten hat wegen des großen Wirtschaftsgefälles zwischen den USA und Mittelamerika die illegale Einwanderung über die lange »grüne Grenze« im Süden stark zugenommen. Kalifornien braucht diese Arbeitskräfte: als billige Pflücker in den Gemüsefeldern des Central Valley ebenso wie als Gärtner und Hausangestellte in den Villen von Beverly Hills. Deshalb sind im Golden State diese Wirtschaftsflüchtlinge vielfach willkommen. Allein in East Los Angeles leben heute mehr als 2 Mio. *Chicanos,* wie sich die Kalifornier mexikanischer Abstammung selbst nennen.

Doch die Bundesregierung in Washington sieht dies anders, versucht seit Jahren und erst recht seit Amtsantritt von Präsident Trump, den Zustrom mit allen Mitteln zu unterbinden. Bei San Diego wurden bereits Zäune und Mauern errichtet, und tagtäglich werden lastwagenweise die abfällig *Wetbacks* genannten, illegal zugewanderte Mexikaner zurückbefördert.

# KUNST & KULTUR

Neben New York und Chicago spielte Kalifornien während der letzten 100 Jahre eine tragende Rolle für das Kulturschaffen Amerikas. Das sonnige Wetter und die brausenden Wellen des Pazifiks inspirierten Schriftsteller ebenso wie Popmusiker, das Potpourri der Einwandererkulturen gab Architekten, Designern und Filmemachern ständig neue Anstöße.

## KULTUREN DER NATIVE AMERICANS

Von der Kultur der Indianer, korrekt der *Native Americans,* ist nicht viel geblieben, schon früh starben ihre Kulturen weitgehend aus. Die indigenen Völker Kaliforniens, friedliche, halbnomadische Jäger und Sammler, hatten keinen Kriegsschmuck und dank des guten Klimas auch keine festen Behausungen. Höchste Meisterschaft erreichten sie im Flechten von Körben – Körbe so fein verwoben, dass sie wasserdicht waren und zum Kochen verwendet werden konnten. Einige dieser reich verzierten Meisterstücke sind heute z. B. im Southwest Museum in Los Angeles und im State Indian Museum von Sacramento zu bewundern.

## ARCHITEKTUR

Erste Akzente der Kultur der Weißen setzten im 18. Jh. die Spanier: Ihre Padres bauten im Kolonialstil Missionsstationen und Klöster. Dieser »Mission Style« ist bis heute häufig in Wohnhäusern und öffentlichen Gebäuden Kaliforniens zu sehen. In Santa Barbara prägt der Kolonialstil das gesamte Stadtbild. Später dominierten andere Baustile: San Francisco ist für seine viktorianischen Wohnviertel berühmt, Palm Springs für den heute wieder ganz retro-schicken Stil des »Mid Century Modern«, Los Angeles besitzt einige Juwelen des Art-déco und frühe Bauten von Frank Lloyd Wright.

Auch der kalifornische Stararchitekt Frank Gehry hat es mit fröhlich-surrealen Bauten zu Weltruf gebracht. Von ihm stammt u. a. die Walt Disney Concert Hall › Bild S. 60, ein dramatisch gezackter, spiegelnder Metallbau in Downtown Los Angeles.

## LITERATUR

In der Literaturgeschichte steht Kalifornien ebenfalls nicht hinten an: Mark Twain, Robert Louis Stevenson, John Steinbeck, Jack London und Upton Sinclair haben hier gelebt und geschrieben. Dashiell Hammet hielt in seinen dunklen Kriminalromanen das Kalifornien der Depressionszeit fest. Später kamen Henry Miller und während des Zweiten Weltkriegs viele europäische Literaten hierher ins Exil. Jack Kerouac schrieb 1957 den Schlüsselroman der Beatgeneration, »On the Road«. Er ist heute noch ein Standardwerk in der legendären Buchhandlung City Lights des Beatpoeten Lawrence Ferlinghetti in San Francisco (261 Columbus Ave.).

Auch die literarischen Trends Amerikas in der neueren Zeit wurden von Autoren aus Kalifornien mitbestimmt – von Comic- und Sciencefiction-

»Painted Ladies«: Viktorianische Wohnzeile vor der Skyline von San Francisco

Open Air beim Monterey Jazz Festival

Autoren, von Schriftstellern wie Thomas Pynchon oder T. C. Boyle, der in historischen Romanen wie »América« das Thema der mexikanischen Immigranten aufgreift.

## MUSIK

In Kalifornien entwickelte sich in den 1950er-Jahren der Westcoast Jazz, eine Institution ist seit 1958 das Monterey Jazz Festival › S. 50. In den 1960er-Jahren waren dann Musik und Bands von der Westcoast richtungweisend: Die Beach Boys kreierten den Surf-Sound, Grateful Dead und Jefferson Airplane stimmten mit ihrem psychedelischen Westcoast-Sound die Hippies beim Monterey Pop Festival 1967 auf den »Summer of Love« ein. Wenig später starteten Musiklegenden wie Frank Zappa und The Doors ihre Karrieren. Seither werden noch härtere Töne angeschlagen: Heavy Metal, Punk Rock und Rap. In vielen Genres bleibt Kalifornien an vorderster Front der Musikentwicklung, nicht zuletzt weil viele Musikfirmen in L.A. zu Hause sind. Junge, arrivierte und alternative Bands sind in der Wüste bei Palm Springs beim Coachella Music Festival › S. 49 zu hören.

## ZEITGENÖSSISCHE KUNST UND KUNSTWELTEN

Liebhaber der bildenden Kunst sind in Kalifornien gut aufgehoben. Mäzene wie Randolph Hearst oder J. Paul Getty hinterließen fabelhafte Sammlungen, und besonders in den letzten Jahrzehnten kamen spektakuläre Neubauten hinzu: das Getty Center in Los Angeles etwa, das vom Architekturbüro Snøhetta 2016 ausgebaute Museum of Modern Art in San Francisco oder das De Young Museum von Herzog & de Meuron.

Neben diesen klassischen Entwicklungen kann Kalifornien aber auf zwei Gebieten völlig Eigenständiges und Bahnbrechendes vorweisen: Seit um 1910 die ersten Filmstudios nach Südkalifornien zogen, dominiert Hollywood die Filmindustrie und hat damit eine völlig neue Kunstform geschaffen. Die zweite Errungenschaft sollte das Freizeitverhalten entscheidend verändern: 1955 eröffnete Walt Disney den ersten themenbezogenen Vergnügungspark der Welt in Anaheim – Disneyland. Diese Idee hat sich seither in alle Welt fortgepflanzt.

# FESTE & VERANSTALTUNGEN

In Kalifornien gibt es rund ums Jahr zahlreiche Festivals, Kultur- und Sportevents. Es empfiehlt sich, vorab die Veranstaltungskalender der einzelnen Städte anzusehen, um die eine oder andere Veranstaltung in den Reiseplan einzubauen.

## FESTKALENDER

**Januar:** Die riesige Parade **Tournament of Roses** in Pasadena läutet mit prächtig geschmückten Wagen am 1. Jan. das neue Jahr ein (www.tournamentofroses.com).

**Anfang/Mitte Februar:** Das **Chinese New Year** wird in den Chinatowns von San Francisco und Los Angeles mit tanzenden Drachen und viel Knallerei eingeläutet.

**Mitte Februar:** San Diego feiert Fasching beim **Mardi Gras** im alten Gaslamp Quarter (www.sdmardigras.com).

**Mitte April:** Rock, Hip-Hop, Electro Music und viele Kunstinstallationen locken zum **Coachella Valley Music & Arts Festival** Hunderttausende in die Wüste bei Indio (www.coachella.com).

**5. Mai: Cinco de Mayo** – die Mexikaner richten zum Unabhängigkeitstag ihrer alten Heimat in allen größeren Orten Kaliforniens Fiestas und Paraden aus.

**Mitte Mai:** Beim **Jumping Frog Jubilee** in Angels Camp feiern die Nachfahren der Goldgräber mit Wildwestparade, Jahrmarkt, Rodeo und einem Wettbewerb im Froschweitsprung (www.frogtown.org).

**Ende Juni:** Bei der **San Francisco Pride Celebration** ziehen Schwule, Lesben, Bi- und Transsexuelle in verrückten Kostümen über die Market Street (www.sfpride.org).

**4. Juli: Independence Day** – zum amerikanischen Unabhängigkeitstag werden in vielen Städten Paraden abgehalten, besonders nett in den Wildwestorten am Highway 49, mit abendlichem Feuerwerk.

**Mitte/Ende Juli:** Bei der weltgrößten **Comic-Con** in San Diego dreht sich alles um Comics und Pop-Art, viele Besucher kommen kostümiert (www.comic-con.org). Bei der Landwirtschaftsmesse **California State Fair** in Sacramento werden zwei Wochen Countrymusik und großer Jahrmarkt geboten (www.castatefair.org).

**Anfang August:** Manhattan und Hermosa Beach, Strandvororte von Los Angeles, richten das **Surf Festival** aus, mit Wettbewerben im Wellenreiten, SUP, Beachvolleyball – und im Sandburgbauen (www.surf festival.org). Die Surfmeisterschaften **US Open of Surfing** in Huntington Beach mit der internationalen Wellenreiterelite ziehen rund 500 000 Besucher an; mit großem Rahmenprogramm.

**Mitte September:** Beim legendären **Monterey Jazz Festival,** dem ältesten Jazzfestival der Welt, ertönt hochkarätige Livemusik auf acht Bühnen (www.montereyjazz festival.org).

**31. Oktober:** Nicht nur die Kinder verkleiden sich für **Halloween** und ziehen durch die Straßen. In San Francisco und in West Hollywood feiern auch die Erwachsenen mit Paraden in skurrilen Kostümen.

**Mitte Dezember:** In Marina Del Rey, Newport Beach und San Diego werden Jachten und Boote mit Lichterketten geschmückt, abends gibt es **Christmas Boat Parades.**

# ESSEN & TRINKEN

**Von wegen nur Burger und Steaks: Allein San Francisco hat an die 5000 Restaurants, und Städte wie Los Angeles oder San Diego stehen der City am Golden Gate kaum nach.**

Von Afghanisch bis Zypriotisch ist in Kalifornien jede Küche der Welt zu finden. Leichte, fruchtige California-Küche steht zur Wahl, bester Fisch und eine unglaubliche Vielfalt an Gerichten der Einwanderer von mexikanischen Fish-Tacos bis deutscher Currywurst. Seit Langem etabliert ist die chinesische Kochkunst, die mit den für den Eisenbahnbau importierten

Klassisches Diner an der Route 66

chinesischen Arbeitskräften um 1870 ins Land kam. Die italienischen Fischer und Weinbauern brachten ihre Rezepte ebenso mit wie die eingewanderten Japaner, Griechen und Russen. Die Exilanten des Zweiten Weltkriegs setzten weitere Akzente, und die jüngsten Wellen von Einwanderern aus Vietnam, Thailand und Kambodscha holten die Vielfalt Südostasiens in die Kochtöpfe Kaliforniens.

Ein Glücksfall für Kalifornien ist das günstige Klima, in dem fast alle denkbaren Produkte gedeihen. Das Central Valley, die fruchtbarste Landwirtschaftsregion Amerikas, liefert Gemüse und Obst, von den Wiesen Nordkaliforniens kommen Milch und Biokäse, aus den sonnigen Tälern von Napa und Sonoma hervorragende Chardonnays und Cabernet Sauvignons, aus den Plantagen Südkaliforniens Orangen und andere Südfrüchte. Der fischreiche Pazifik liefert frische Meeresfrüchte.

Gegessen wird übrigens abends in den Großstädten zwischen 19.30 und 22 Uhr, in den kleineren Orten oft bereits ab 18 Uhr. In den meisten Restaurants sucht man sich den Platz nicht selbst, sondern bekommt diesen vom Servicepersonal freundlich zugewiesen. › mehr S. 19 Punkt 47

## CALIFORNIA CUISINE

Kalifornische Küchenchefs begnügen sich nicht mit dem Nachkochen überlieferter Rezepte. Seit Langem schon hat die neue California Cuisine ihre eigene, sehr innovative Stilrichtung eingeschlagen. Junge Kochkünstler wie Alice Waters oder Wolfgang Puck waren in den 1970er-Jahren die Pioniere des neuen Trends. Sie kochten leicht und fettarm, verwendeten ausschließlich frische Basisprodukte direkt aus dem Umland und oft aus biologischem Anbau. Sie variierten die italienischen oder französischen Grundrezepte mit exotischen Gewürzen, tropischen Früchten und Ideen aus den Küchen der Einwanderer.

## GRÜSSE AUS ASIEN

Vor allem der Einfluss Asiens ist heute in der California Cuisine zu spüren – *fusion cooking* heißt das. Auf den Tisch kommen Kreationen wie Lachs mit Thai-Curry, Linguine mit Manila-Muscheln und geräucherten Chipotle-Chilis oder Thunfisch in Sesam-Kräuter-Kruste mit Tempura-Gemüse. Auch das Auge isst mit, die Präsentation der Gerichte ist farbenfroh, die schicken Szenerestaurants sind oft wie Designergalerien eingerichtet – mal minimalistisch, mal im kreativen Ethnolook.

Hochburgen der heute längst etablierten neuen Kochkunst sind Los Angeles, Santa Barbara, San Francisco und die Weintäler Napa und Sonoma, wo man zum Gourmet-Dinner auch die besten Tropfen Kaliforniens genießen kann. Aber auch in kleineren Weinregionen lassen sich oft hervorragende Restaurants mit moderner kalifornischer Küche entdecken, in Monterey-Carmel etwa oder um San Luis Obispo an der zentralen Küste.

## BIO & GLUTENFREI

Über die Jahre ist die Auswahl der Produkte in Restaurants und Lebensmittelläden immer strikter geworden: *Organic*, also Bio, ist in vielen Lokalen mittlerweile Pflicht. Kalifornien ist auch dabei führend in den USA. Produkte in Bioketten wie »Whole Foods« müssen meist sogar *certified organic* sein oder aus *sustainable* (nachhaltigem) Fischfang, um ins Regal oder in eines der vegetarischen oder veganen Restaurants zu kommen.

Auch die in Kalifornien sehr beliebten Farmers' Markets lassen meist nur zertifizierte Biobauern zu. Viele Lokale oder Bäckereien und sogar kleine Biosandwichläden bieten dazu laktosefreie Milch, glutenfreies Brot, erdnussfreies Müsli und andere Alternativprodukte für Allergiker an – aber ein leckerer Chai-Latte mit Soja- oder Mandelmilch schmeckt jedem.

## THE REAL AMERICAN TASTE

Trotz aller Spezialitäten gibt es natürlich auch die solide amerikanische Küche in Coffeeshops und Traditionslokalen: ausgezeichnete Steaks und Spareribs, amerikanisches Frühstück mit *Pancakes* und Spiegeleiern, gute Salate und Sandwiches. In den meisten Küstenorten steht zum Lunch oder Dinner auch der Tagesfang *(catch of the day)* auf der Karte, der allerdings oft genug schlicht ein gutes Tagesgericht aus dem Gefrierfach ist. Gute Burger findet man auch überall, denn sie sind derzeit wieder voll im Trend – aber nicht die Fastfood-, sondern Gourmetburger mit bestem Biofleisch, feinem Ziegenkäse und handgeschnitzten Süßkartoffel-Fritten.

## TACOS & TORTILLAS

Der Duft von Chili con Carne und frischen Tortillas weht vor allem im Süden Kaliforniens aus vielen Restaurants. Keine andere Einwandererküche ist so verbreitet. Sättigend und preiswert ist die deftige mexikanische Kost allemal, aber auch fett- und kalorienreich. Wichtigste Zutaten sind Tortillas, dünne Brotfladen aus Mais- oder Weizenmehl, und scharfe Chilischoten. Getrocknet, gehackt, als Salsa oder auch fleischig-frisch, irgendwie finden die Chilis immer ihren Weg auf den Teller – und brauchen etwas Gewöhnung. *Hot* heißt dabei übrigens scharf – und zwar wirklich scharf!

Zumeist stehen nordmexikanische Gerichte auf den Speisekarten: *Tacos, Burritos* und *Enchiladas* – gerollte Tortillas, die mit Hackfleisch, Tomatenstückchen, Eissalatstreifen und geraspeltem Käse gefüllt werden; *Carne Asada* – geschnetzeltes Rindersteak, mariniert und gegrillt; *Fajitas* – scharf gebratenes Hühnchen- oder Rindfleisch mit Zwiebeln und Chilis, das noch brutzelnd in der Pfanne serviert wird. Dazu gibt es meist grünen Salat, *Guacamole* (Avocadocreme) und *Refried Beans,* einen dick eingekochten Brei aus braunen Pinto-Bohnen. Die mexikanische Küche hat auch den Sprung in die amerikanische Fastfoodkultur geschafft: In Schnellrestaurants von Ketten wie »Taco Bell« werden Billig-Tacos am Fließband gemacht; in fast jeder Bar gibt es als Knabbergericht *Nachos* – mit Käse überbackene Tortilla-Chips. Beliebt (und etwas leichter) sind die ebenfalls weit verbreiteten *Fish Tacos*.

Weit schmackhafter und bekömmlicher lässt sich der kulinarische Einfluss Mexikos in den oft sehr guten Restaurants mit *Southwest Cuisine* erleben. Meist sind dies junge Szenerestaurants, in denen die mexikanische Kost entschärft, entfettet und kalifornisch verfeinert auf den Tisch kommt.

## WEIN, HOCHPROZENTIGES & ALKOHOLFREIES

Es gibt auch noch einen erfreulichen Einfluss Mexikos: In jeder Bar Kaliforniens werden gute Tequilas und mexikanische Biere ausgeschenkt: Dos Equis, Tecate, Carta Blanca oder das leichtere Corona. Beliebt sind in den Bars neben Bier auch Whiskey *(on the rocks)* und Cocktails wie Martinis, Tequila Sunrise und eisgekühlte Margaritas.

Zum Essen wird fast immer Eiswasser serviert, dazu bestellt man (recht dünnes) amerikanisches, (stärkeres) importiertes Bier, ein süffiges *Microbrew* aus einer der vielen trendigen Kleinbrauereien oder kalifornischen Wein › S. 128. Als nichtalkoholische Getränke stehen Eistee, Cola oder das schrecklich nach Kaugummi schmeckende *Root Beer* zur Wahl. Der klassische amerikanische Kaffee ist berüchtigt dünn, aber unzählige »Starbucks« und andere Kaffeebars servieren mittlerweile gute Cappuccinos und Lattes – auch mit Sojamilch.

**DIE SCHÖNSTEN MÄRKTE**

- In Pasadena 📱 Q27 bei Los Angeles findet jeden 2. So im Monat der **Rose Bowl Flea Market** statt. An 2500 Ständen gibt es nichts, was Sie hier nicht finden könnten. 1001 Rose Bowl Dr., www.rgc shows.com; 8–15 Uhr.
- Beliebt bei den Angelenos ist ein Bummel über den **Santa Monica Farmers Market** 📱 P29. Es gibt Musik, süße Pfirsiche, Bagels und Kunsthandwerk. 2640 Main St.; So 8.30–13.30 Uhr.
- Mode und Schmuck junger Designer, Vintageklamotten und viel kreative Energie bietet der **Artists & Fleas Market** im Szeneviertel von Venice 📱 P29. 1010 Abbot Kinney Blvd., www.artists andfleas.com; Sa 11–16.30 Uhr.
- **Lazy Acres** in Santa Barbara 📱 M26 ist einer der ältesten Biomärkte Kaliforniens, ein Schlaraffenland auf 2000 m², samt Health-Café und Biosaft-Bar. 302 Meigs Rd. www.lazyacres.com; tgl. 7–23, So bis 22 Uhr
- Schön ist es, donnerstagabends in der Wüstenwärme beim **Palm Springs Village Fest** › S. 88 durchs bunte Markttreiben mit Kulinarik und Kunst zu flanieren.
- Besonders samstags pilgern die San Franciscans zum **Ferry Plaza Farmers Market** › S. 121, um Frisches von Feld und Meer zu kaufen – inklusive einem Imbiss mit Blick auf die Bay Bridge.

#  SHOPPING IM GOLDEN STATE

Designerware dominiert in den Fashion Outlets vor den Toren von Las Vegas

Shopping ist Volkssport in den USA. Das ganze Land ist ständig auf der Suche nach Discounts, Schnäppchen und Sonderverkäufen. Und die Leute verbringen ihre Freizeit in den großen Malls, den klimatisierten, überdachten Ladenstraßen in den Vororten. Teens hängen hier ab, Familien kommen zum Tagesausflug und Senioren treffen Freunde zum Essen. Hier einige der schönsten und größten Malls:

- South Coast Plaza 📱 Q28
  3333 Bristol St. | Costa Mesa
  www.southcoastplaza.com
- Santa Monica Place 📱 P29
  220 Broadway | Santa Monica
  www.santamonicaplace.com
- Westfield San Francisco
  Centre 📱 E15
  865 Market St. | San Francisco
  www.westfield.com
- Westfield Valley Fair 📱 G16
  2855 Stevens Creek Blvd.
  Santa Clara
  www.westfield.com

## MITBRINGSEL

Souvenirs wie T-Shirts mit dem Aufdruck einer kalifornischen Uni oder einer Disneyfigur bieten u. a. die Läden rund um die Fisherman's Wharf in San Francisco. Witzigere Mitbringsel lassen sich in den Shops von Melrose Avenue in West Hollywood, Third Street in Santa Monica oder Union und Fillmore Streets in San Francisco entdecken, wie Modeschmuck, schrille Sonnenbrillen, »Antikes« aus den 1950en oder die neuesten Computerspiele. Aber auch auf dem Land lassen sich gute Mitbringsel finden, etwa Wein aus dem Napa oder Sonoma Valley.

## OUTLET SHOPPING

Amerikas Hersteller haben in den letzten Jahrzehnten noch einen anderen Vertriebsweg entdeckt: Outlet Shopping. Auf der grünen Wiese (oder in der Wüste), ohne hohe Mietkosten, bieten die Firmen Direktverkauf zu stark reduzierten Preisen an. Ganze Shoppingdörfer entstanden an Autobahnen abseits der Metropolen, wie die riesigen **Desert Hills Outlets** am Hwy. I-10 bei Palm Springs, deren rund 180 Läden v. a. Edelmarken wie Hilfiger, Calvin Klein, Hugo Boss u. a. anbieten. Je nach Region haben die Outlets durchaus eigenen Charakter und unterschiedliche Preisniveaus. Die schick gestylte **Fashion Outlet Mall** etwa am Hwy. I-15 kurz vor Las Vegas ist mit rund 100 Designerboutiquen wie Escada, Ralph Lauren, DKNY und Versace auf hochwertige Mode spezialisiert. Ähnlich elegant und mit guten Namen bestückt sind in Südkalifornien die **Carlsbad Premium Outlets:** Banana Republic, Gap und Tommy Hilfiger zählen hier zu den Mietern. Eine besonders große Auswahl bieten die **Vacaville Premium Outlets** nordöstlich von San Francisco mit mehr als 130 Markenläden. Deren 200 sind es in der **Great Mall** bei San Jose.

Als Kaufanreiz gibt es für viele Outlet Malls in den umliegenden Visitor Centers und Hotels oder oft sogar in den Malls selbst Voucher oder Coupon Booklets, mit denen man zusätzlichen Discount bekommt. Es lohnt sich bei der Concierge der Mall nachzufragen. Tipp: Die Webseite www.outletbound.com bietet ein Verzeichnis aller großen Outlet Malls in den USA.

- **Desert Hills Outlets** 📱 S28
  48400 Seminole Dr. | I 10 | Cabazon
  www.premiumoutlets.com/outlet
- **Fashion Outlet** 📱 W22
  S. Las Vegas Blvd.
  I-15, Exit 1 | Primm | Nevada
  www.fashionoutletlasvegas.com
- **Carlsbad Premium Outlets** 📱 S30
  5620 Paseo Del Norte
  I-5, Exit Palomar Airport Rd. | Carlsbad
  www.premiumoutlets.com/outlet
- **Vacaville Premium Outlets** 📱 G13
  321 Nut Tree Rd. | Vacaville
  www.premiumoutlets.com/outlet
- **Great Mall** 📱 G16
  447 Great Mall Dr. | Milpitas
  www.premiumoutlets.com/outlet

## SUPER-SCHNÄPPCHENJAGD

Es gibt sogar noch weitaus günstigere Adressen als die Factory Outlets: Ketten wie **Ross Dress for Less** oder **Nordstrom Rack** verkaufen Kleidung zu absoluten Tiefstpreisen. Das Konzept: Ein völlig schmuckloser Laden, die Klamotten sind Ladenhüter, die andere Ketten nicht verkaufen konnten und die nun verramscht werden. Mit etwas Glück ergattert man dazwischen richtige Markenqualität. Ross finden Sie an Ausfallstraßen und oft sogar direkt in den Innenstädten; die nicht so verbreiteten Rack-Läden meist in Mode-Shoppingmalls.

- **Ross Dress for Less** 📱 E15
  799 Market St. | San Francisco
  www.rossstores.com
- **Nordstrom Rack** 📱 E15
  555 9th St. | San Francisco
  www.nordstrom.com

Endlose Weiten – »on the road« in der Einsamkeit der Mojave-Wüste

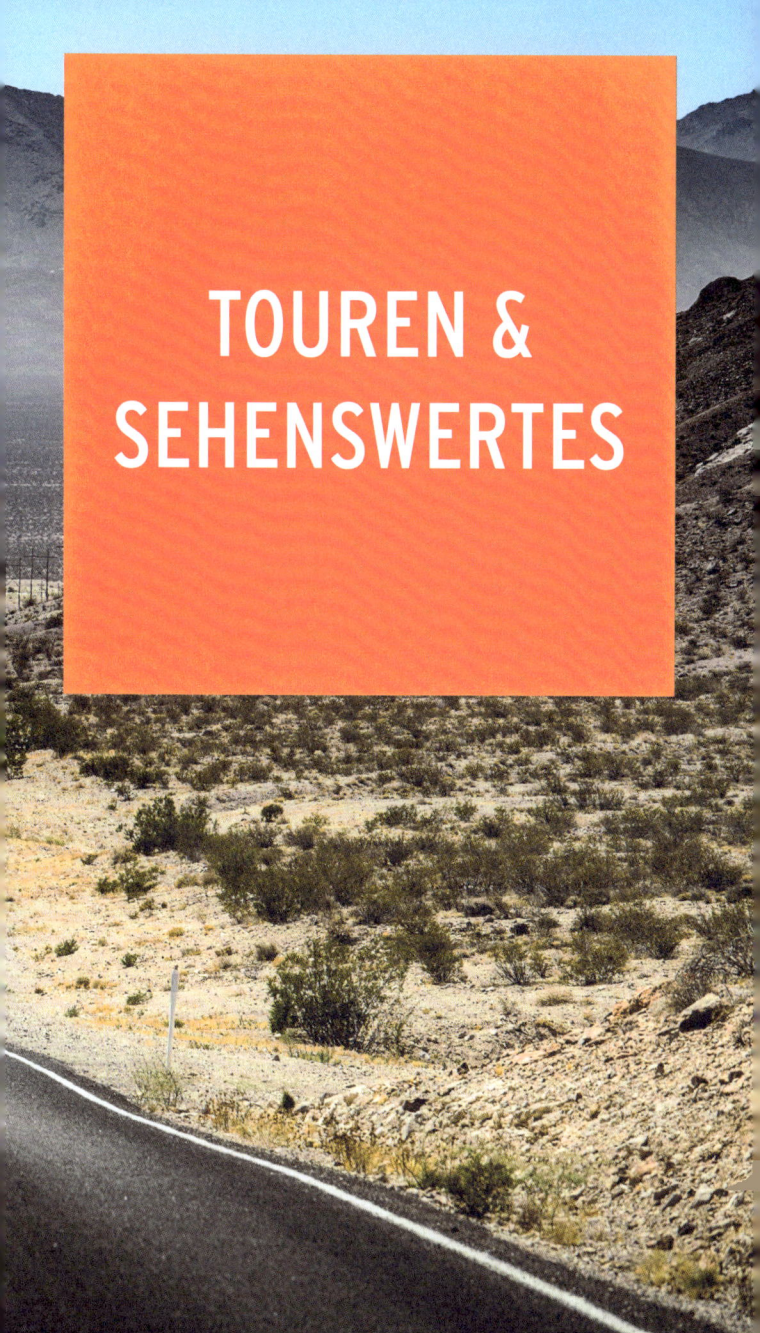

# TOUREN & SEHENSWERTES

# LOS ANGELES

Skatepark am Venice Beach

*Megastadt und Mekka der oberen Zentausend, Traumfabrik und Endstation der armen Ghettobewohner: Die größte Stadt Kaliforniens ist die nicht immer schöne, aber faszinierende Vision einer modernen Metropole.*

Los Angeles – oder besser L.A. – ist eine Superstadt, die eigentlich gar keine ist. Zumindest nicht im europäischen Sinn, denn die klassische Struktur aus historisch gewachsenem Zentrum und Vorstädten gibt es nicht. Alles in dem riesigen Becken zwischen den San Gabriel Mountains und dem Pazifik ist Stadtlandschaft: Ein Ballungsraum aus 88 einzelnen Städten allein im Regierungsbezirk L.A. County. Städte, die fließend ineinander übergehen, endlose Boulevards mit Tankstellen, Supermärkten und Fastfoodlokalen. Etwa 13,4 Mio. Menschen leben heute im Großraum der wuchernden Megametropole. L.A. ist nach New York das zweitgrößte Ballungsgebiet Amerikas. Ein urbaner Alptraum aus fünf Regierungsbezirken, autogerecht erschlossen mit fast 2000 km zehnspuriger Autobahnen, auf denen tagtäglich 10 Mio. Autos fahren.

Dass das ungezügelte Wachstum auch seine Folgen hat, musste die Stadt schon mehrfach erfahren. Unzählige, vielfach illegale Einwanderer aus Mexiko und anderen Staaten Mittelamerikas strömten in die ärmeren Viertel in East L.A., in den 1960er-Jahren und erneut im Frühjahr 1992 loderten Rassenkonflikte auf, die sich v. a. in den Schwarzenvierteln von Watts und South Central in Plünderungen und Gewalt entluden. Wasserknappheit ist immer öfter ein Problem. Südkalifornien ist Wüstenland, von April bis Oktober regnet es praktisch nie und auch im Winter nur selten. Obwohl gewaltige Aquädukte Wasser aus der Sierra Nevada und vom Colorado River herbeischaffen, wird das kostbare Nass knapp.

Doch trotz Dürre, Erdbeben, Bränden und Rassenunruhen hat die Metropole nichts an Glamour und Anziehungskraft eingebüßt. Hier werden Stars geboren und Trends gemacht. Rund 25 Mio. Besucher kommen jedes Jahr. Ist man erst einmal da und bleibt ein paar Tage, begeistert die von außen so abschreckend wirkende Megastadt durchaus: die Palmenalleen und die Strände von Santa Monica, die fabelhaften Villen von Beverly Hills, das Flair von Hollywood, die schwindelerregenden Wolkenkratzer in Downtown, die schrillen In-Läden der Melrose Avenue und die Beach-Szene von Venice. Und L.A. holt auch in der Kunstszene stark auf: Beinahe jedes Jahr eröffnet ein neues Museum, spektakuläre Bauten wie The Broad Museum, das Getty Center oder die Walt Disney Concert Hall von Frank Gehry machen die Stadt zum kulturellen Mekka der Westcoast.

# UNTERWEGS IN LOS ANGELES

## TOUR 1

### ZU FUSS DURCH DOWNTOWN L.A.

**ROUTE:** US Bank Tower › Walt Disney Concert Hall › Grand Ave. › Pershing Square › Olvera St. › Chinatown

**KARTE:** Seite 61
**LÄNGE:** 2 Std. ohne Museumsbesuche, 5 km zu Fuß
**PRAKTISCHE HINWEISE:**
• Die beste Zeit für diese Tour ist nachmittags.

• In Downtown verkehren die DASH-Busse › **S. 70** (alle 10–15 Min.), mit denen man auch die wichtigen Sehenswürdigkeiten erreicht.

**TOUR-START:**
**DOWNTOWN-RUNDE**
In der eng umgrenzten, von einem Autobahnring umfassten generalsanierten Downtown erwartet Sie viel moderne Kunst und türmen sich die höchsten Bauten von L.A. Der 310 Meter hohe **US Bank Tower** **1** überragt hier alles. Von dessen Aussichtsplattform Skyspace aus überblickt man die ganze riesige Stadt. Adrenalinfördernd ist – für Schwin-

Typisch Frank Gehry – die geschwungen-zerklüftete Walt Disney Concert Hall

delfreie – die rundum gläserne Rutsche »Skyslide« (633 W. Fifth St., www.oue-skyspace.com; tgl. 10 bis 22 Uhr). › mehr S. 12 Punkt **❶**

Ein Blickfang am Boden ist die **Walt Disney Concert Hall** **2** ⭐, ein Bau von Stararchitekt Frank Gehry (111 S. Grand Ave., www.laphil.com). › mehr S. 16 Punkt **㉔**

Nicht weniger spektakulär ist gegenüber der weiße Bau des 2016 eröffneten **The Broad** **3**, ein Museum für zeitgenössische Kunst (221 S. Grand Ave., www.thebroad.org; Mo geschl., Eintritt frei). Nur wenige Schritte weiter zeigt das **Museum of Contemporary Art** **4** Wechselausstellungen von Avantgardekunst (250 S. Grand Ave., www.moca.org; Di geschl., 15 $).

Vorüber an der prächtig restaurierten **Central Library** **5** (630 W. Fifth St.), 1926 erbaut im ägyptischen Stil, geht es hinab in die steinernen Schluchten um den **Pershing Square.** Hier blieben noch Perlen aus den frühen Tagen der Stadt erhalten, etwa die spanischbarocke Lobby des traditionsreichen **Biltmore Hotel** **6** › S. 71.

Eine Straße weiter östlich verläuft der **Broadway,** einst Hauptstraße der Downtown und heute eine geschäftige Marktstraße der *Chicanos.* Der herrliche Innenraum des **Bradbury Building** (304 S. Broadway) und die Fassaden alter Kinopaläste zeugen noch vom Glanz der 1920er-Jahre. Gegenüber bietet sich werktags im **Grand Central Market** **7** ein faszinierender Blick in L.A.s Latinowelt (www.grandcentralmarket.com).

## NACH CHINATOWN

Noch tiefer in die Stadtgeschichte führt ein Spaziergang auf der **Olvera Street** am Nordrand der Downtown. Hier wurde 1781 das **Pueblo de Los Angeles** **8** gegründet (www.elpueblo.lacity.org). Von einigen alten Adobegebäuden und der fotogenen Plaza Church abgesehen ist das Viertel jedoch zur Touristenmeile verkommen. Authentischer ist die angrenzende **Chinatown** **9** um die North Hill Street.

## TOUR IN DOWNTOWN L.A.

### TOUR **❶**

**ZU FUSS DURCH DOWNTOWN L.A.**

**1** US Bank Tower
**2** Walt Disney Concert Hall
**3** The Broad
**4** Museum of Contemporary Art
**5** Central Library
**6** Biltmore Hotel
**7** Grand Central Market
**8** Pueblo de Los Angeles
**9** Chinatown

# VON HOLLYWOOD ZUM PAZIFIK

**ROUTE:** Hollywood › Beverly Hills › Santa Monica › Venice

**KARTE:** Seite 63
**DAUER/LÄNGE:** 1 Tag, 40 km
**PRAKTISCHE HINWEISE:**
- In einem Tag ist die Route nur per Mietwagen zu schaffen.
- Fahren Sie nicht zu früh los – vor 9 Uhr steht man nur im Stau.
- Studieren Sie vorab den Stadtplan, um einen Überblick zu bekommen.
- Schnellste Verbindung zwischen Hollywood und Küste ist der breit ausgebaute Santa Monica Blvd.
- Fahrräder für die Fahrt von Santa Monica nach Venice vermietet das Santa Monica Bike Center (1555 2nd St., Tel. 310-656-8500, thebike center.com). Rollerblades gibt es an Buden direkt am Strand.

**TOUR-START:**
## VOM FARMERS MARKET NACH HOLLYWOOD

Ein zentraler Ausgangspunkt für die Tagestour ist der **L.A. Farmers Market** 10, der bereits seit 1934 besteht (6333 W. 3rd. St.). Morgens bekommt man noch gut einen Parkplatz und kann sich in dem multikulturellen Gewirr der Marktstände einen Morgenkaffee mit Donut oder einen Frühstücks-Burrito im Trejo's Tacos holen (Stand Nr. 322). Gleich angrenzend beginnt die große **Grove Mall,** ein schickes Einkaufszentrum vor allem für Mode (thegrovela.com).

Auf der Fairfax Avenue geht es weiter nach Norden und dann nach Osten auf der **Melrose Avenue,** die junge Schöne unter den Straßen von L.A. und eine der beliebtesten Flaniermeilen der Stadt. Flippige Läden und Boutiquen mit Avantgardemode, Szenecafés, Designergalerien, Plattenshops und gute Restaurants halten ihre Türen offen für ein ultracool gestyltes Publikum, das aber erst gegen Abend zu Hochform aufläuft. Entlang der Melrose Avenue wird L.A. dem Image der verrückten Trendmetropole voll gerecht.

Die Highland Avenue führt dann weiter ins legendäre alte Herz der Filmindustrie: **Hollywood,** der Name des berühmtesten Stadtteils von Los Angeles steht seit fast 100 Jahren für großes Kino. Nach der Blütezeit in den 1940er- und 1950er-Jahren zogen allerdings die meisten Studios aus dem Viertel an den Hängen der Hollywood Hills aus. Geblieben sind aber noch einige Wahrzeichen aus der glorreichen Ära: Am Hollywood Boulevard steht – umringt von Souvenirläden, das **Chinese Theatre** 11 ⭐ (Nr. 6925, www.tclchinesetheatres. com), ein berühmtes Premierenkino im Stil einer chinesischen Pagode, vor dem die Fuß- und Handabdrücke vieler Filmgrößen in Beton zu bewundern sind. › mehr S. 18 Punkt 38

Gleich gegenüber thront das prächtig renovierte **Hollywood Roosevelt Hotel,** in dem 1922 die erste Oscarverleihung stattfand. Heute werden die begehrten Trophäen nebenan auf der Bühne des **Hollywood & Highland Center** überreicht, eine Komplex mit Gas- tronomie und Läden (www.holly woodandhighland.com).

Ein bzw. zwei Straßenzüge weiter östlich sind die nostalgischen Fassa- den der Filmtheater **Egyptian The- atre** und **El Capitan Theatre** aus den 1920er-Jahren zu bewundern. Gegenüber befindet sich der eins-

## TOUR IN LOS ANGELES

### TOUR ②

**VON HOLLYWOOD ZUM PAZIFIK**

| | |
|---|---|
| **10** L.A. Farmers Market | **15** Montana Avenue |
| **11** Chinese Theatre | **16** Santa Monica Pier |
| **12** Sunset Plaza | **17** Ocean Front Walk |
| **13** Rodeo Drive | **18** Wilshire Museum Row |
| **14** Westwood Village | **19** Getty Center |

tige Literatentreff **Musso & Frank's Grill,** in dem Raymond Chandler und Nathaniel West in den 1930er-Jahren verkehrten und später auch einige der aus Deutschland geflüchteten Schriftsteller wie Thomas Mann und Bert Brecht (6667 Hollywood Blvd., www.mussoandfrank.com; €€€).

Beim Bummel am Hollywood Boulevard lohnt es sich übrigens, auch den Boden im Auge zu behalten. Dieser Abschnitt ist der **Walk of Fame,** auf dem messingumrahmte Marmorsterne mit den Namen der berühmtesten Stars in die Gehsteige eingelassen sind. Von Mickey Mouse bis Steven Spielberg sind sie alle verewigt. Auf der Webseite www.walkoffame.com können Sie vorab Ihre Lieblinge suchen.

Auch ein eigenes **Hollywood Museum** gibt es, mit Originalkostümen und einigen Kulissen berühmter Filme (1660 N. Highland Ave., www.thehollywoodmuseum.com; Mi–So 10–17 Uhr, 15 $).

Insgesamt aber ist herzlich wenig geblieben vom Glamour des alten Hollywood. Doch es wird versucht, den Hollywood Boulevard aufzupolieren: Neue Shoppingkomplexe entstehen, Fassaden werden restauriert, Wandgemälde neu gepinselt.

---

### 💬 MEKKA DER FILMINDUSTRIE

Um 1900 war Los Angeles nichts weiter als ein verschlafenes Landstädtchen, umrahmt von Ranches und Orangenhainen. Wenig später entdeckten die ersten Filmproduzenten das sonnige Südkalifornien. 1913 kam Cecil B. DeMille, mietete eine Scheune im kleinen Dorf Hollywood und drehte den ersten abendfüllenden Film, »The Squaw Man«. Kostenpunkt: 15 000 $. Charlie Chaplin, D. W. Griffith und Hunderte anderer Produzenten und Schauspieler folgten nach. Bald war Hollywood die unbestrittene Filmmetropole Amerikas und der Welt. Zur selben Zeit nahm Beverly Hills, das westlich an Hollywood angrenzt, seinen Aufschwung als nobler Wohnsitz der Stars und Produzenten. An großzügig angelegten Avenues und Alleen bauten sich die Arrivierten der Filmindustrie Paläste und Liebeslauben, die mit der Wunderwelt der Filme zu konkurrieren schienen.

Seither hat sich vieles geändert. Die großen Filmstudios wurden von Fernsehgesellschaften übernommen und zogen über die Berge ins billigere San Fernando Valley. Selbst das Licht Kaliforniens ist für die Dreharbeiten nicht mehr so wichtig: Produktionen finden heute vielfach in Kanada oder auch in North Carolina an der Ostküste statt. Und sogar manche Superstars wanderten aus Beverly Hills ab – meist allerdings nur bis ans Meer in Malibu. Actionheld Arnold Schwarzenegger ging gar, wie vor ihm der Schauspieler und spätere US-Präsident Ronald Reagan, 2003 als Gouverneur nach Sacramento. Doch noch immer ist Beverly Hills die Stadt mit der höchsten Stardichte weltweit, und ein Durchschnittshaus ist hier nicht unter 3,5 Mio. $ zu haben.

Auf den Spuren der Hollywoodgrößen am Walk of Fame

## WEST HOLLYWOOD

Bei der Weiterfahrt auf dem Sunset Boulevard wird die Umgebung feiner und gepflegter, je weiter man nach Westen kommt. Im trendigen Nachtklubdistrikt West Hollywood, eigentlich eine eigenständige Stadt innerhalb von Los Angeles, tauchen am »Sunset Strip« zwischen riesigen Reklametafeln die ersten Klubs und Nobelhotels auf. Beispielsweise das **Chateau Marmont** (8221 W. Sunset Blvd.), wo Greta Garbo lebte und John Belushi starb. Oder drei Straßen weiter die exklusive Shoppingmeile **Sunset Plaza** 12.

Die **Skybar** des von Philippe Starck gestylten **Mondrian Hotel** (8440 Sunset Blvd.) ist Treff der Schönen und Arrivierten Hollywoods, die hier am Pool mit Blick über das Lichtermeer von L.A. Mar-

tinis schlürfen. Vor 20 Uhr kommt man meist noch ohne Reservierung an den Türstehern vorbei.

## BEVERLY HILLS

Der Nobelwohnort der Stars und Produzenten grenzt unmittelbar an West Hollywood an. Wer hier die Villa seines Lieblingsstars sucht, kann an den Einfahrten in die Wohnstadt eine der am Straßenrand feilgehaltenen »Map to Stars Homes« kaufen und sich auf die Pirsch begeben. Aber auch ohne bestimmtes Ziel lohnt es sich, durch die palmengesäumten Avenues zu fahren und die eklektischen Baustile der Luxusresidenzen zu bestaunen.

Danach überquert man den **Santa Monica Boulevard,** der die Grenze bildet zwischen dem Wohn- und dem südlich angrenzenden

Geschäftsviertel von Beverly Hills. Hier stehen einige der teuersten Nobelherbergen von L.A., wie das prachtvoll renovierte **Beverly Wilshire** 13 (9500 Wilshire Blvd.), in dem sich 1990 Julia Roberts als »Pretty Woman« in ihren Filmprinzen Richard Gere verliebte.

Bekannteste Attraktion in Beverly Hills ist gegenüber dem Beverly Wilshire der **Rodeo Drive**, die teuerste Shoppingmeile der Westcoast. Wer auf sich hält in der Modewelt, ist hier vertreten: Gucci, St. Laurent, Armani etc. Eine Bühne der Eitelkeiten, auf der die Reichen auch im Sommer ihre Edelpelze zwischen chauffierter Limousine und klimatisierter Boutique spazieren führen.

Gut für eine Lunchpause ist gleich um die Ecke die kleine Terrasse von **The Farm** (439 N. Beverly Dr., Tel. 310-273-5578, www.thefarmofbeverlyhills.com; €€).

## DURCH WESTWOOD NACH SANTA MONICA

Am Fuß der Santa Monica Mountains führt der Wilshire Boulevard von Beverly Hills weiter westwärts. Am Westwood Boulevard nach rechts, und man ist in **Westwood Village** 14, einem quirligen Studentenviertel mit Läden, Kneipen und großen Premierenkinos, in denen die neuesten Hollywoodstreifen laufen. Die meisten der jungen Leute hier studieren an der renommierten **University of California** (UCLA) am Nordende des Westwood Boulevard.

**Santa Monica,** der bekannteste Strandort von L.A., schließt direkt an Westwood an und ist über den Wilshire Blvd. schnell zu erreichen. Lohnend ist dabei ein kleiner Umweg über die **Montana Avenue** 15, in deren zahlreichen kleinen Läden und Cafés oft Stars, die nahebei

Am Santa Monica Pier ist der Pacific Park mit Riesenrad eine Familienattraktion

wohnen, gesichtet werden. Seit Langem ist Santa Monica Wohnsitz der Filmbranche und auch ein beliebtes Domizil von Schriftstellern und solventeren Senioren.

An der **Ocean Avenue** in Santa Monica erstreckt sich auf einer gut 50 m hohen Klippe eine palmengesäumte Promenade, von der aus sich die Küste überblicken lässt: der breite Sandstrand, der **Santa Monica Pier** 16 von 1909 mit seinem filmbekannten Riesenrad und die braunen Hügel der Santa Monica Mountains. Restaurants, Hotels und Bars säumen die angrenzenden Straßen, und in der ebenso beliebten wie turbulenten Fußgängerzone **Third Street Promenade** kann man gut bummeln und einkaufen.

### AM SANTA MONICA BEACH 1 NACH VENICE

Direkt am Pier von **Santa Monica** beginnen Rad- und Rollschuhwege, die am Strand südwärts führen nach Venice und bis **Marina Del Rey,** dem riesigen Jachthafen von Los Angeles. › mehr S. 13 Punkt 8

Mit dem Auto kommt man auf der Ocean Avenue am schnellsten weiter bis **Venice** ⭐. Das einstige Slumgebiet mauserte sich in den letzten 20 Jahren zum Invierte. Besonders am Wochenende wird der **Ocean Front Walk** 17 zur Bühne der Selbstdarsteller: New-Age-Propheten predigen, Rollerblader und Skateboarder zeigen ihre Künste und im Freilufttrainingscamp des **Muscle Beach** stellen die Athleten ihre geölten Muskelpakete zur Schau. › mehr S. 16 Punkt 25 Etwas

landeinwärts vom Strand locken die Einkaufsstraßen **Main Street** und **Abbott Kinney Blvd.** mit vielen Szenerestaurants und Boutiquen. Zum Abschluss der Tour kann man je nach Uhrzeit noch den Sonnenuntergang am Strand erleben und dann zum Dinner in eines der Restaurants in Venice oder in Santa Monica gehen.

# WEITERE SEHENS-WÜRDIGKEITEN

Zahlreiche weitere Attraktionen liegen verstreut über das Stadtgebiet von L.A. und sind über die Autobahnen gut zu erreichen. Doch Vorsicht: Südlich und östlich grenzen an Downtown die teils nicht ungefährlichen Viertel Watts, South Central sowie East Los Angeles, die man als Tourist besser umfährt.

### WILSHIRE MUSEUM ROW 18

Mehrere große Museen reihen sich am Wilshire Blvd. in West Hollywood: Ein kultureller Leckerbissen ist das **L.A. County Museum of Art** ⭐. Das größte Kunstmuseum der Stadt zeigt umfassende Ausstellungen europäischer und amerikanischer Malerei. Besonders sehenswert: präkolumbische Kunst und die Kollektion japanischer Malerei und Keramik (5905 Wilshire Blvd., www.lacma.org; Mi geschl., 20 $).

Nebenan, in den **La Brea Tar Pits,** – großen natürlichen Teerquellen – blieben vor Jahrtausenden glücklose Mammuts, Säbelzahntiger und Urwölfe in dem klebrigen

### CALIFORNIA BEACHES

- Szenen von Baywatch wurden hier gedreht, das sagt schon alles. Für Surfer und Sonnenanbeter ist **Zuma Beach** › S. 68 in Malibu perfekt für einen Strandtag abseits vom Trubel in L.A.
- Zwischen Oceanside und San Diego erstrecken sich kilometerlang Strände mit bunter Szene und Surfwellen. Ideal zum Strandwandern ist der etwas ruhigere **Carlsbad Beach** › S. 76.
- Klein, aber fein ist der Strand von **La Jolla Cove** › S. 82 bei San Diego. Und man kann direkt vom Ufer aus losschwimmen, schnorcheln und die üppige Unterwasserwelt erkunden.
- Die weiße Sichelbucht des **Carmel Beach** › S. 106 bietet Romantik pur, besonders zum Sonnenuntergang, wenn die roten Wellen bis zum Horizont reichen und erste Lagerfeuer flackern.
- Autofahren am Strand? Dies ist am brettharten, breiten **Pismo Beach** › S. 108 möglich. Von den Dünen hält man sich aber besser fern, dort kommen nur 4WDs und Quads mit breiten Reifen weiter.
- Sonnenbaden mit Blick auf die Golden Gate Bridge? Der etwas versteckte **Baker Beach** ▮ E15 auf der Pazifikseite der Brücke macht's möglich. Am besten kommen Sie im Frühjahr oder im Sept./Okt., im Sommer herrscht oft Nebel (Parkplatz Gibson St.).

Ölsand stecken Deren Relikte sind im modernen Bau des **George C. Page Museum** ausgestellt (5801 Wilshire Blvd., www.tarpits.org; tgl. 9.30–17 Uhr, ab 15 $).

Stellvertretend für das autoverrückte L.A. steht das **Petersen Automotive Museum**, das auf vier Etagen Ausstellungen zur automobilen Kultur zeigt, darunter auch Luxuskarossen der Hollywoodstars (6060 Wilshire Blvd., www.petersen.org; tgl. 10–18 Uhr, 20 $).

Ganz neu: 2019 eröffnet direkt gegenüber das **Academy Museum**, das auf sechs Stockwerken die Kinogeschichte der Oscars zeigt (Ecke Fairfax/Wilshire Blvd., aktuelle Infos: www.academymuseum.org).

### GETTY CENTER 19

In den Santa Monica Hills über Brentwood gestaltete der amerikanische Architekt Richard Meier 1997 einen sehr sehenswerten Museumskomplex für das Erbe des Ölmilliardärs Getty. Der Museumsbau zeigt in 54 Galerien mittelalterliche Kunst, Gemälde von Rubens und Renoir, moderne Installationen und Werke von David Hockney. Das 250 ha große Freigelände eröffnet herrliche Blicke über L.A. (1200 Getty Center Dr., www.getty.edu; Mo geschl., Eintritt frei).

### MALIBU ▮ 027

Der exklusive Strandwohnort der Stars liegt nördlich von Santa Monica. Von den Prominenten wird man zwar hinter den hohen Zäunen wenig sehen, dafür aber lassen sich von den Strandparks **Topanga Beach**

Mit seinem Getty Center schuf der Ölmilliardär einen Kunsttempel im Westen von L.A.

oder **Zuma Beach** aus gut die Surfer beobachten. Gut zu wissen für Serienfans: **Malibu Point** ist der Filmstandort des Strandhauses von »Two and a Half Men«.

Klassische Attraktion an diesem Küstenabschnitt ist aber die **Getty Villa,** ein Nachbau der antiken Villa dei Papiri in Herculaneum am Golf von Neapel. Hier haben die antiken Kunstschätze der Getty-Stiftung einen spektakulären Rahmen gefunden (17985 Pacific Coast Hwy., www.getty.edu; Di. geschl., Eintritt frei, Online-Reservierung nötig).

## UNIVERSAL STUDIOS HOLLYWOOD ③ ▮▮ P27

Die großen Filmstudios neben dem Griffith Park sind heute zugleich ein Vergnügungspark, zu dem Showbühnen und die Entertainmentstraße **Universal Citywalk** gehören. Bei der Studio Tour gibt es einen Blick hinter die Kulissen, man fährt am Bates Motel aus »Psycho« vorbei, King Kong versucht, sich Touristen zu angeln und zum Schluss gibt es Action bei »Fast & Furious Supercharged«. Das Highlight ist eine eigene Harry-Potter-Welt (3900 Lankershim Blvd., Universal City, www.universalstudioshollywood.com; 109–124 $). › mehr S. 12 Punkt ❻

## GRIFFITH PARK ▮▮ P27

Hollywoodfans können noch einen Tagesausflug auf die andere Seite der Hollywood Hills ins San Fernando Valley einplanen – für einen Besuch im großartigen **Autry Museum of the American West** im Nordteil des Griffith Park, das die lange Geschichte der Hollywood-Western vor Augen führt: Filmclips, originale Colts berühmter Bösewichter, alte Filmplakate und Cowboykunst (4700 Western Heritage

Way, www.theautry.org; tgl. 10–16, Sa/So bis 17 Uhr, 14 $).

Von der Terrasse des **Griffith Observatory** bietet sich nach Sonnenuntergang ein grandioser Blick über das Lichtermeer der Stadt (Anfahrt über Western oder Vermont Ave., www.griffithobservatory.org; tgl. 12 bis 22 Uhr, Sa/So ab 10 Uhr).

## INFO

**Los Angeles Visitor Center**
- 6801 Hollywood Blvd.
  Hollywood | Tel. 323-467-6412
  www.discoverlosangeles.com
  Mo–Sa 9–22, So 10–19 Uhr
  Infokiosk: Union Station
  800 N. Alameda St.

---

### 💬 STAR-FRIEDHÖFE

Ebenfalls im Griffith Park liegt der **Forest Lawn Memorial Park,** ein 140 ha großer Friedhof, wo zwischen monumentalen Skulpturen zahlreiche Stars ruhen, darunter auch frühe Stummfilmgrößen wie Stan Laurel und Buster Keaton. Für den passionierten Grabgänger gibt es noch einige weitere sehenswerte Friedhöfe der Stars: **Forest Lawn Cemetery** in Glendale mit dem Grab von Clark Gable etwa oder den **Hollywood Cemetery** an der Ecke Santa Monica Blvd./Gower St. in Hollywood, wo einer der ganz Berühmten sein Mausoleum hat: Rudolph Valentino. Marilyn Monroe übrigens liegt auf dem **Westwood Village Cemetery.**

---

**Santa Monica Visitor Info Center**
- 2427 Main St. | Santa Monica
  Tel. 310-393-7593
  www.santamonica.com
  Mo–Fr 9–17.30, Sa/So 9–17 Uhr
  Infokiosk: 1400 Ocean Ave.

## VERKEHR

- **Flughafen: Los Angeles International Airport**, 25 km westl. von Downtown (www.lawa.org/lax). Bestes Transportmittel sind die Minibusse von **Super Shuttle** (Tel. 800-258-3826, www.supershuttle.com), die jede gewünschte Adresse im Großraum der Stadt ansteuern.
- **Bahnhof: Union Station** (Amtrak), 800 N. Alameda Ave., Tel. 800-872-7245; am Nordrand der Downtown.
- **Busbahnhof: Greyhound Station**, 1716 E. 7th St., Downtown. Tel. 213-629-8401. Kleinere Busbahnhöfe von Greyhound auch in Hollywood und Anaheim.
- **ÖPNV: Metropolitan Transportation Authority**. Im Stadtgebiet verkehren die Busse der MTA; Auskunft über die Routen und die jeweils beste Verbindung unter www.metro.net, in der App »Go Metro«, oder man ruft vom Handy 511 an und sagt »nextbus«. **Metro Rail,** das neue U- und S-Bahnnetz, umfasst mittlerweile sechs Linien. Züge verkehren von Downtown nach Hollywood, Pasadena, San Pedro, Long Beach, zum MacArthur Park und entlang der I-105. Sehr effizient ist das Routennetz der **DASH-Busse**, die im Bereich Downtown, Hollywood und anderen Stadtteilen alle wichtigen Punkte anfahren; Infos unter www.ladotbus.com.

## HOTELS

Die Bandbreite der Hotellerie in L.A. ist gewaltig. Geschäftsleute bevorzugen Downtown oder Flughafennähe, als Urlauber ist

Luxus mit Meerblick findet man im Shutters on the Beach

man in den Hotels von West Hollywood, Beverly Hills oder Santa Monica näher an den Attraktionen.

**Four Seasons Beverly Wilshire** €€€
Legendäres Grandhotel der Stars und Reichen beim Rodeo Drive. Prämiertes Restaurant, feudaler Spabereich.
• 9500 Wilshire Blvd. | Beverly Hills
  Tel. 310-275-5200
  www.fourseasons.com

**Grafton on Sunset** €€€
Schickes Boutiquehotel im Herzen des Entertainmentviertels; großer Pool.
• 8462 Sunset Blvd. | West Hollywood
  Tel. 323-654-4600
  www.graftononsunset.com

**Shutters On the Beach** €€€
Luxuriös-elegantes 5-Sterne-Ferienhotel im 1920er-Jahre-Stil, direkt am Strand von Santa Monica.
• One Pico Blvd. | Santa Monica
  Tel. 310-458-0030
  www.shuttersonthebeach.com

**Georgian Hotel** €€–€€€
Historisches Art-déco-Hotel mit schöner Terrasse für den Sonnenuntergang.
• 1415 Ocean Ave. | Santa Monica
  Tel. 800-538-8147
  www.georgianhotel.com

**Millennium Biltmore** €€–€€€
Historisches Grandhotel im Herzen der Downtown, prachtvolle alte Lobby.
• 506 S. Grand Ave. | L.A. | Tel. 213-624-1011
  www.thebiltmore.com

**Ocean Lodge** €€–€€€
Freundliches Motel, nicht billig, aber in unmittelbarer Pier- und Strandnähe.
• 1667 Ocean Ave. | Santa Monica
  Tel. 310-451-4146
  www.oceanlodgehotel.com

**Comfort Inn** €€
Modernes Kettenmotel, gute Lage zwischen Westwood und Santa Monica.
• 2815 Santa Monica Blvd.
  Santa Monica | Tel. 310- 828-5517
  www.comfortinnsantamonica.com

## AUSGEFALLENE RESTAURANTS

- Thailändische Kelpnudeln, koreanisches Quinoa-Gersten-Bibimbap und kalifornische Teryaki-Tuna-Burger – das **M Café** > S. 73 in L.A. ist ein Traum für Vegetarier.
- Ganz in Pink: Das verrückte **Goldrush Steak House** > S. 108 des ebenso verrückten Madonna Inn in San Luis Obispo zelebriert die viktorianische Zeit.
- Das **Foreign Cinema** in San Francisco zeigt nicht nur Auslandsfilme. Aber das ist egal, man kommt wegen des prima Essens, das dazu serviert wird (2534 Mission St., Tel. 415-648 7600, www.foreigncinema.com; €€).
- **Off the Grid** ist eigentlich kein Restaurant, sondern eine Sammlung mobiler Imbissbuden in San Francisco, die jeden Tag woanders in der City zum Happening laden; Mo, Mi und Fr mittags z. B. an 850 Front St. (Standorte unter www.offthegrid.com).
- Leger und supergut wie das **Oso** von Nachwuchs-Sternekoch David Bush direkt an der Plaza in Sonoma muss ein Weinbistro in Kalifornien sein (9 E. Napa St., Sonoma, Tel. 707-931-6926, www.ososonoma.com; €€€).
- Halb Museum, halb Touristenlokal, aber doch sehr authentisch: Das **Samoa Cookhouse** > S. 144 in Eureka ist eine ehemalige Kantine eines Holzfällercamps von 1893 in den Redwood-Wäldern.

**Coral Sands Motel** €–€€
Gepflegtes Motel nahe zu Hollywood und U-Bahn; Pool.
- 1730 N.Western Ave. | Hollywood
  Tel. 323-467-5141
  www.coralsands-la.com

### CAMPING
**Dockweiler RV Park**
Öffentlicher Platz direkt am Strand, ganz nah am Flughafen.
- 12001 Vista del Mar
  Playa del Rey | Tel. 310-322-4951
  http://beaches.lacounty.gov/dockweiler-rv-park

### RESTAURANTS
**Providence** €€€
Höchstes Niveau für Fischgerichte bietet dieses Sternelokal. Und Stars kommen auch zum feinen Dinner.
- 5955 Melrose Ave. | Hollywood
  Tel. 323-460-4170

**Paley** €€–€€€
Glamouröses Restaurant mit coolem Design. Auch gut zum Lunch und Leute-Schauen.
- 6115 Sunset Blvd. | Hollywood
  Tel. 323-554-9430

**Chart House** €€
Gepflegtes Fischrestaurant direkt im Jachthafen von L.A. Serviert auch veritable Steaks.
- 13950 Panay Way | Marina Del Rey
  Tel. 310-822-4144

**Mercado** €€
Sehr gutes Dinnerlokal mit mexikanischer Küche. > mehr S. 14 Punkt **14**
- 1416 Fourth St. | Santa Monica
  Tel. 310-526-7121

**Saddle Ranch Chop House** €€
Beliebtes Steakhaus mit Westerndekor und
Terrasse am Sunset Strip. Gute Drinks.
• 8371 W. Sunset Blvd. | West Hollywood
  Tel. 323-656-2007

**Sidewalk Café** €–€€
Gute Omelettes und Sandwiches; Blick auf
die verrückte Strandszene von Venice.
• Ocean Front Walk | Venice
  Tel. 310-399-5547

**Canters** €
Typisches Deli-Café inmitten des jüdischen
Viertels am Westrand Hollywoods. Rund um
die Uhr geöffnet.
• 419 N. Fairfax Ave. | Fairfax

**M Café** €
Vegetarisch, innovativ, gesund – und sehr
im Trend.
• 7119 Melrose Ave. | Hollywood
  Tel. 323-525-0588

**Venice Whaler** €
Gourmetburger nur ein paar Schritte vom
Venice Beach.
• 10 Washington Blvd. | Venice
  Tel. 310-821-8737

**NACHTLEBEN**

• Aktuelle Ausgehtipps bieten die kostenlose Stadtzeitung **L.A. Weekly** (www.
  laweekly.com) oder die Wochenend-
  ausgabe der *Calender-Section* der **Los
  Angeles Times**.
• Viertel, in denen man abends flanieren
  kann, gibt es in L.A. nur wenige. Zum
  Bummeln ist auch nach Sonnenuntergang die **Third Street Promenade** in
  Santa Monica beliebt. Klubs und Tanz-
  lokale gibt es gehäuft nur an der Melrose Avenue und am Sunset Boulevard in

Der Musikklub Whisky A Go-Go ist ein
Nightlifeklassiker am Sunset Strip

**West Hollywood** und in **Westwood Village**. Die übrigen Treffs sind meist weit
verstreut.
• Gute Konzerte werden auf den Freiluft-
  bühnen des **Greek Theatre** (Griffith Park,
  www.lagreektheatre.com) und der **Hollywood Bowl** (2301 Highland Ave., www.
  hollywoodbowl.com) veranstaltet.
• Rock- und Jazzbands sind in den klassischen Nachtklubs **Roxy** (9009 Sunset
  Blvd., www.theroxy.com) und **Whisky A
  Go-Go** (8901 Sunset Blvd., www.whisky
  agogo.com) zu hören. Junge Rockbands
  spielen meist im **Viper Room** (8852 Sunset Blvd., www.viperroom.com).
• In Marina del Rey treffen sich Nachtschwärmer in der **Baja Cantina** (311 E.
  Washington St., www.bajacantina.com)
  und guten Jazz hört man in der **Catalina
  Bar** (6725 W. Sunset Blvd., www.catalina
  jazzclub.com).
• **The Laugh Factory** (8001 Sunset Blvd.,
  www.laughfactory.com) gilt als einer der
  besten Comedyklubs Amerikas.

# SÜD-KALIFORNIEN

Joshua Tree im gleichnamigen
Wüsten-Nationalpark

*Zwischen L.A. und San Diego locken lange Strände und lebenslustige Küstenstädte. Doch nur eine Fahrstunde im Landesinneren warten Wüstentäler und einsame Hügelzüge voller Kakteen. Kaliforniens Süden ist eine Region der Kontraste.*

Südkalifornien bietet reichlich Abwechslung. Die Pazifikküste zwischen L.A. und San Diego ist die am besten erschlossene Region des Staates. Hier liegen die aus Hollywoodserien bekannten Strände und Ferienorte von »Sunny Southern California«. Hier reiten Surfing Boys und Girls die Wellen, trifft sich die Strandszene in Trendbars.

Fast nahtlos gehen die wie an einer Perlenschnur aufgereihten Stranddörfer kurz vor der mexikanischen Grenze im Süden in den nächsten urbanen Großraum über: San Diego. Kaliforniens älteste Stadt hat sich über die letzten 100 Jahre vom Kriegshafen zur bunten Ferienmetropole gemausert und dabei mit Freude ihr mediterranes spanisches Erbe wiederentdeckt.

Ganz anders sieht es hinter den Küstenbergen im Landesinneren aus. Dort regiert die unbezähmbare Natur: Salzseen und steinige Wüstenplateaus prägen das Bild der Mojave und der Colorado Desert bis jenseits der Grenzen nach Arizona und Nevada. Die spektakuläre Kernzone dieser unwirtlichen Ödnis ist das Tal des Todes, jener Glutofen, in dem so mancher Trek der Pioniere verschwand und der noch heute bei Temperaturen von über 50 °C im Sommer für Wanderer und Geländefahrer nicht ohne Gefahren

ist. Jenseits davon locken wie eine nächtliche Fata Morgana die Lichter der Glitzercasinos von Las Vegas mit Shows und Spielsälen.

Dank des milden Klimas ist die Region gut ganzjährig zu bereisen. In Südkalifornien reicht die Wüste bis ans Meer – eine ideale Kombination: ewig sonniges, trockenes Wetter und dazu der blaue Ozean. Einzige Ausnahme ist der Juni, wenn an der Küste oft Hochnebel aufzieht – keine Chance zum (Sonnen-)Baden. Dafür sind die Monate davor besonders schön: Im Frühjahr, meist im März oder April, blüht die Wüste und man kann bei noch angenehmen Temperaturen wandern oder biken in Wüstenoasen wie Palm Springs.

Blue Hour in San Diegos Balboa Park

# TOUREN IN DER REGION

**T O U R**
**3**

## AM PAZIFIK ENTLANG NACH SAN DIEGO

**ROUTE:** Los Angeles > Huntington Beach > Laguna Beach > Carlsbad > San Diego

**KARTE:** Seite 78
**LÄNGE:** 2 Tage, 240 km
**PRAKTISCHE HINWEISE:**
- Die Route ist als individuelle Mietwagentour angelegt.
- Der Amtrak-Zug »Pacific Surfliner« verkehrt mit mehreren Stopps in den Küstenorten von Los Angeles nach San Diego, eignet sich allerdings wenig zum Sightseeing.
- Für den Besuch von Disneyland oder Knott's Berry Farm müssen Sie einen zusätzlichen Tag einrechnen.

### TOUR-START

Von **Los Angeles** › S. 58 fährt man zunächst auf der I-5 nach Süden durch das endlose Häusermeer bis **Anaheim**  › S. 80. Mit Kindern lohnt sich hier ein Tag im Disneyland; alternativ lockt das Shoppen im riesigen Einkaufszentrum **South Coast Plaza** › S. 54 in Costa Mesa. Oder Sie verbummeln den Tag am Strand des Surferortes **Huntington Beach 2** › S. 81. Vorüber am gro-

ßen Jachthafen von Newport Beach geht es dann weiter auf dem Hwy. 1 nach Süden: Pastellfarbene Holzhäuser auf hohen Klippen über dem Ozean prägen das Bild. Unten am Meer warten geschützte Buchten mit kleinen Sandstränden. Die Künstlerstadt **Laguna Beach 3** › S. 81 lohnt unbedingt einen Stopp, ebenso wie der alte Missionsort **San Juan Capistrano 4** › S. 82 etwas im Binnenland, zu erreichen über die Del Obispo Street oder eine Ausfahrt nach Norden auf der I-5.

Auf der Weiterfahrt durchquert die I-5 die einsamen Dünen der Militärbasis Camp Pendleton. Danach reihen sich die Strandbäder Südkaliforniens entlang des Highway nach Süden: **Carlsbad**  S30 mit der Familienattraktion **Legoland** (1 Legoland Dr., www.legolandcom/california; ab 95 $) und schönem langem Strand. Den bietet auch **Del Mar** ▌ S31; dann folgt das schicke **La Jolla 5** › S. 82 hoch oben auf einer Klippe. Von hier ist es nur noch eine halbe Stunde Fahrt bis zum Reiseziel **San Diego 6** › S. 83.

**T O U R**
**4**

## AUSFLUG IN DIE WÜSTE

**ROUTE:** San Diego > Anza Borrego > Palm Springs > Los Angeles

## TOUR-START

Über die I-8 und die SR 79 gelangt man von **San Diego** 6 › S. 83 schnell in die kühleren Höhen der Küstenberge. Umrahmt von Kiefernwäldern und Apfelplantagen liegt dort oben das Bergwerksstädtchen **Julian** 7 › S. 87. Tipp: Hobbyastronomen sollten auf SR 79/76 unbedingt einen Abstecher von Julian nach Norden einplanen: zum gut 50 km entfernten **Mount Palomar Observatory** U30, der weltberühmten Sternwarten mit einem 5,1 m durchmessenden Hale-Spiegelteleskop (www.astro.caltech.edu/palomar; Museum und Besuchergalerie tgl. 9–5 Uhr, keine Besuche am Abend).

Aus den Kiefernwäldern von Julian führt die SR 78 steil die Ostflanke der Coast Mountains hinab. Schnell wird es immer heißer und trockener. Dies ist die **Anza Borrego Desert** 8 › S. 88, eine sehr artenreiche Kakteenwüste, die im gleichnamigen State Park unter Schutz steht.

Über die Palmenoase von **Borrego Springs** U30 biegt die Tour dann nach Norden ab und folgt auf der SR 86 der 50 km langen **Salton Sea** V30, an deren feuchtheißen Seeufer große Dattelplantagen gedeihen. Bei Indio zweigt der Hwy. 111 ab und verläuft durch die teure, von Palmen und Golfplätzen begrünte Ferienregion des **Coachella Valley** V28 zum beliebten Wüstenkurort **Palm Springs** 9 › S. 88.

Von dort sind es dann auf der I-10 je nach Verkehr nur noch 2 bis 3 Std. Fahrt bis **Los Angeles** › S. 58. Vielleicht dauert die Fahrt aber auch etwas länger: mit Stopps bei den **Desert Hill Outlets** › S. 55 in Banning oder bei **Ontario Mills** R27 (www.simon.com/mall/ontario-mills) in Ontario, zwei riesigen Discount-Shoppingzentren.

### TOUR 5

# NACH LAS VEGAS & INS DEATH VALLEY

## TOUREN IN SÜDKALIFORNIEN

### TOUR ③

**AM PAZIFIK ENTLANG NACH SAN DIEGO**

Los Angeles › Huntington Beach › Laguna Beach › Carlsbad › San Diego

### TOUR ④

**AUSFLUG IN DIE WÜSTE**

San Diego › Anza Borrego › Palm Springs › Los Angeles

### TOUR ⑤

**NACH LAS VEGAS UND INS DEATH VALLEY**

Los Angeles › Palm Springs › Las Vegas › Death Valley › Los Angeles

- Nehmen Sie genug Wasser und Getränke für die Wüstenstrecken mit.
- Juni bis September ist die Fahrt ins Death Valley nicht zu empfehlen – dann ist es schlichtweg zu heiß. ▶ mehr S. 19 Punkt **41**

## TOUR-START:

Gut zwei Stunden dauert es, bis man die Megacity **Los Angeles** ▶ S. 58 auf der I-10 durchquert hat und jenseits der Küstenberge kahle Hügel mit Windrädern in Sicht kommen – und die erste Wüstenoase: **Palm Springs 9** ▶ S. 88. Von hier bis zur Grenze von Arizona regiert die Wüste. Außerhalb von Palm Springs säumen zunächst lange Reihen von Windmühlen den Weg entlang der SR 62 hinauf zum **Joshua Tree National Park 10** ▶ S. 89. Im Örtchen Joshua Tree zweigt dann der Park Boulevard ab, der mit vielen Kurven das Schutzgebiet durchzieht.

In Twentynine Palms beginnt die lange, heiße Fahrt durch die abgelegensten Regionen der Mojave-Wüste: Salzseen und fahlbraune Berge säumen den schmalen Highway bis zur Geisterstadt **Amboy** ▶ S. 29 an der alten Route 66. Von hier führt die Tour über **Kelso** W24 (Visitor Center, Tel. 760-252-6108, www.nps.gov/moja) durch die 1995 geschaffene **Mojave National Preserve,** eine noch fast völlig unberührte Wüstenregion mit großen Sanddünen, weiter nach Osten und über die SR 164 zur US 95. Ein voller Tank und ausreichend Wasser sind für die Fahrt unbedingt anzuraten

(die einfachere Route führt über die Autobahn I-40 zur US 95). Bei Boulder lohnt sich ein Abstecher zum berühmten **Hoover Dam 11** ▶ S. 90, ehe man auf der I-515 weiterfährt bis **Las Vegas 12** ▶ S. 90.

Nach ein oder zwei langen Nächten in der Spielerstadt geht es weiter: über US 95, SR 373 und SR 190 in die bizarre Urlandschaft des **Death Valley 13** ▶ S. 92. Eine Übernachtungsmöglichkeit im Wild-West-Stil bietet sich in **Stovepipe Wells** S19 an (www.deathvalleyhotels.com; €€–€€€). Zurück nach Furnace Creek und vorüber am tiefsten Punkt Amerikas bei Badwater klettert die Route auf der SR 178 wieder aus dem Tal und folgt der SR 127 nach Baker. Die breit ausgebaute Autobahn I-15 führt von dort zurück nach **Los Angeles** ▶ S. 58. Ein Stopp lohnt sich allerdings noch kurz vor Barstow: **Calico** T24, eine durch Tourismus wiederbelebte, recht fotogene Geisterstadt aus der Ära des Silberbooms um 1890.

### VERKEHRSMITTEL

Die großen Autobahnen sind die wichtigsten Verkehrsadern: I-5 entlang der Küste sowie I-10 und I-15 durch die Wüsten im Landesinneren. Doch wo möglich, sollten Sie die kleineren Highways fahren: Sie kurven wie die SR 79 und 78 hoch über die Pässe der Coast Mountains oder führen wie der Hwy. 1 direkt am Meer entlang.

Die lange Wüstenstrecken nach Las Vegas kann man nur eine Richtung fahren und mit einem günstigen Flug zurückkommen. Das Mit-Kfz darf man zwischen Kalifornien und Las Vegas meist ohne Rückführgebühr an anderer Stelle abgeben.

# UNTERWEGS IN SÜDKALIFORNIEN

## ANAHEIM 1 📱 Q28

Der Bezirk Orange County südlich von Los Angeles gilt als eine der am schnellsten wachsenden Regionen der USA – und als eine der reichsten. Orange County steht aber auch als Synonym für den »California Way of Life«, wie ihn schon die Beach Boys besungen haben. Daran, dass sich vor gut 100 Jahren deutsche Weinbauern hier im milden Klima Südkaliforniens niederließen, erinnert nur noch der Name Anaheim (www.visitanaheim.org).

Untrennbar verbunden mit der Erfolgsgeschichte von Orange County ist **Disneyland,** der 1955 eröffnete älteste Themenpark der Welt. Die kindgerechte Wunderwelt der Mickey Mouse mit ihrem Neuschwanstein ähnlichen Märchenschloss ist auch für Erwachsene durchaus sehenswert – und mit Paraden und Feuerwerk am Abend leicht einen ganzen Urlaubstag wert. Direkt angrenzend öffnete 2001 **Disney's California Adventure** die Tore, wo Achterbahnen oder der »Tower of Terror« unter den Themen Kalifornien und Hollywood stehen (www.disneyland.disney.go.com; Eintritt je Park 97 bis 135 $, Kinder 91–127 $, Vergünstigungen mit dem »Southern California City Pass« für 367 $, der auch für Sea World, San Diego Zoo und Legoland gilt).

Disneyland in Anaheim ist die Wiege der Themenparks

Noch mehr und noch schnellere spektakuläre Achterbahnen rasen durch **Knott's Berry Farm,** einem weiteren großen Vergnügungspark nahebei. Es gibt aber auch Rides für die Kleineren, zudem locken eine Boardwalk Area mit Wild-West-Geisterstadt sowie einem Snoopy-Peanuts-Land (8039 Beach Blvd., Buena Park, www.knotts.com; ab 82 $, online einiges günstiger).

**Eden Roc** €€
Gepflegtes Motel mit Pool in Laufnähe zu Disneyland.
• 1830 S. West St. | Tel. 714-663-8700
www.edenrocanaheim.com

# HUNTINGTON BEACH

2 ⭐  Q28

»Surf City USA« nennt sich Huntington Beach selbst (www.surfcity usa.com). Und Surfen, Radfahren und Volleyballspielen scheinen in diesem Strandort mit kilometerlangen Radwegen entlang der Küste tatsächlich die wichtigsten Aktivitäten der braun gebrannten Einwohner zu sein. Kein Wunder, in Huntington Beach nahm in den 1920er-Jahren der Surfsport in den USA seinen Anfang, und bis heute werden hier große Meisterschaften ausgetragen, wie das **International Surfing Museum** belegt (411 Olive Ave. www.surfingmuseum.org; Di bis So 12–17 Uhr). Gleich nahebei gibt es Surfboard- und Radvermieter, sodass man selbst aktiv werden kann. › mehr S. 12 Punkt ❷

HOTEL

**Shorebreak Hotel** €€–€€€
Ideal für den Aktivurlauber ausgestattetes Strandhotel.
• 500 Pacific Coast Hwy.
Tel. 714-861-4470
www.shorebreakhotel.com

# LAGUNA BEACH 3  R29

Das flippige Strandstädtchen voller gepflegter Villen und blühender Gärten ist seit den 1920er-Jahren als Künstlerkolonie bekannt. Fast 100 Galerien stellen die Werke kalifornischer Maler und Bildhauer aus. Das Museum **Festival of Arts** zeigt Werke kalifornischer Künstler (650 Laguna Canyon Rd., www.foapom. com) und veranstaltet das Kunstfestival **Pageant of the Masters:** Im Juli und August wird dann »lebendige Malerei« geboten, kostümierte Schauspieler stellen berühmte Gemälde alter Meister dar – skurril, aber eindrucksvoll.

In der Innenstadt rund um den **Cliff Drive** bummelt man gemütlich zwischen Boutiquen und Cafés.

INFO

Laguna Beach Visitors Center
• 381 Forest Ave. | Tel. 949-497-9229
www.visitlagunabeach.com

HOTEL

**Laguna Riviera Resort
on the Beach** €€–€€€
Familäres Strandhotel mit nostalgischem Charme in einem tropischen Garten; ganz zentral.
• 825 S. Coast Hwy. | Tel. 800-999-2089
www.lagunariviera.com

RESTAURANT

**Las Brisas** €€

Leichte mexikanische Küche; herrlicher
Blick über die Küste.

• 361 Cliff Dr. | Tel. 949-497-5434

## SAN JUAN CAPISTRANO

 **4** R29

Der am Fuß der Santa Ana Mountains gelegene Ort entstand bereits
1776 am »Camino Real«, dem
Königsweg der spanischen Eroberer
› S. 87. Die damals errichtete **Mission San Juan Capistrano** wurde
zwar 1812 von einem Erdbeben
schwer beschädigt, ist aber mit einer
neuen Kirche und gepflegte Gärten
bis heute das Zentrum der Gemein-
de und für Besucher ein authentischer Blick in die Geschichte Kaliforniens (26801 Ortega Hwy., www.
missionsjc.com; tgl. 9–17 Uhr, 10 $
inkl. Audioguide). Legendär sind

die Schwalben von San Juan Capistrano: Die verblüffend pünktlichen
Zugvögel fliegen alljährlich am
23. Oktober gen Süden und kommen am 19. März wieder aus ihrem
Winterquartier in Argentinien hierher zurück – jeweils Anlass für ein
großes Fest in der Stadt.

## LA JOLLA **5** S31

Mehrere Kilometer zieht sich das
elegante Städtchen, eigentlich schon
ein Vorort von San Diego, mit gepflegten Wohnvierteln im spanisch-
mexikanischen Stil über die Klippen hin, in der Innenstadt drängen
sich um die **Prospect Street** schicke Boutiquen und Straßencafés.

Unten am Pazifik warten Höhlen
und idyllische Badebuchten, von
denen **La Jolla Cove** unter Naturschutz steht und sich sehr gut zum
Schnorcheln und Tauchen eignet.
Schöne ruhige Strände und Wan-

Kleine Strandbuchten säumen die zerklüftete Küste von La Jolla

derwege durch die Dünen finden Sie am Nordende von La Jolla im **Torrey Pines State Natural Reserve,** das seinen Namen nach einer hier wachsenden, seltenen Kiefernart erhielt (www.torreypine.org).

Südlich davon befindet sich auf dem Universitätsgelände die Scripps Institution of Oceanography, eines der weltweit führenden Meeresforschungsinstitute. Das angeschlossene **Stephen Birch Aquarium** präsentiert die Meereswelt des Pazifiks sowie allgemeinverständlich die Forschungsarbeit der Ozeanografen (www.aquarium.ucsd.edu; tgl. 9 bis 17 Uhr, 19,50 $).

### RESTAURANTS

**George's at the Cove** €€−€€€
Beliebtes Fischrestaurant mit Meerblick; elegant und teuer ist es im Dining Room unten, leger und günstiger in der Bar und auf der Terrasse oben.
• 1250 Prospect St. | Tel. 858-454-4244

**Brockton Villa** €€
California Cuisine mit Meerblick; bestens geeignet für Frühstück oder Lunch.
• 1235 Coast Blvd. | Tel. 858-454-7393

### EINKAUFEN

**Warwick's**
Seit 70 Jahren einer der besten Buchläden Kaliforniens.
• 7812 Girard Ave. | www.warwicks.com

# SAN DIEGO  6  ▮ S32

Mit 3,3 Mio. Einwohnern ist die hübsch zwischen Küste, blauen Lagunen und Bergen gelegene, recht weitläufige Stadt der drittgrößte

Ballungsraum Kaliforniens. Auch in der Jagd um die Touristendollars steht San Diego nicht schlecht da: Kriminalität, Smog und andere Großstadtprobleme hat es besser im Griff als andere kalifornische Städte, das auch im Winter angenehm warme Klima lockt Golfer und sportbegeisterte junge Leute an. Gut 300 Sonnentage im Jahr können die Meteorologen vermelden – nur im Juni herrscht oft Nebel an der Küste.

Die Stadt ist zwar noch heute der wichtigste US-Marine-Stützpunkt an der Westküste, aber nicht mehr Seeleute, sondern blondierte California Girls und muskulöse Surfing Boys prägen das Bild. Die Stadt tut etwas für ihr Image: Ständig entstehen neue Museen und Theater, die langen Sandstrände sind vorbildlich gepflegt. Die gelungene Mischung aus restaurierten Altbauten in der Innenstadt und postmodernen Fantasien bietet eine ideale Kulisse für den Strandurlaub. Zusätzliche Bonbons sind Veranstaltungen wie die bunten Cinco-de-Mayo-Feiern der Mexikaner › S. 49, Musikfestivals und viele Segelregatten in der sportbegeisterten Stadt.

### DOWNTOWN

Die Hauptstraße der Innenstadt am Ostufer der San Diego Bay ist der **Broadway,** an dessen Nordseite sich die Bürotürme der Skyline reihen. Südlich des Broadway liegt um die 5th Avenue das historische **Gaslamp Quarter** 4, das um 1870 von Alonzo Horton als neues Stadtzentrum erbaut wurde. In den letzten 20 Jahren wurden die viktoria-

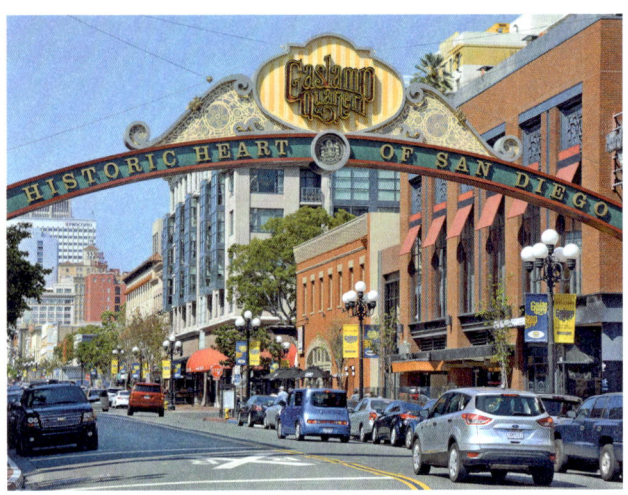

San Diegos historisches Gaslamp Quarter zieht heute Shopper und Nachtschwärmer an

nischen Fassaden restauriert, in die alten Häuser sind Restaurants, Bars und Liveklubs, Boutiquen und andere Geschäfte, Galerien und Antiquitätenläden eingezogen (Infos unter www.gaslamp.org). Kernstück dieser städtebaulichen Runderneurung ist die **Horton Plaza** (E St./ 3rd Ave.), ein Freiluft-Shoppingcenter in einem postmodernen Potpourri von Formen und Farben.

Ein Spaziergang führt zum Ufer der Bay, wo im **Maritime Museum** (1492 N. Harbor Dr., www.sdmaritime.org; tgl. 9–20 Uhr, Sommer bis 21 Uhr, 18 $) neben Ausstellungen zur Seefahrtsgeschichte im Pazifik auch ein Dutzend historische Schiffe zu bewundern sind, auf denen man auch mitfahren kann. Etwas südlich befindet sich an der Ecke Harbor Dr./Broadway das **Visitor Information Center › S. 86**, wo man außer Stadtplänen und Informatio-nen auch vergünstigte Karten zu vielen Attraktionen der Stadt erwerben kann.

Am Navy Pier gegenüber liegt der riesige Flugzeugträger **USS Midway,** der heute als Museumsschiff zu besichtigen ist (www.midway.org; tgl. 10–17, letzter Einlass 16 Uhr; 21 $). Einige Schritte weiter starten neben dem Kreuzfahrtterminal **Hafenrundfahrten** durch die San Diego Bay (Hornblower Cruises, Tel. 1-888-467-6256, www.hornblower.com/home/sd).

## BALBOA PARK

Östlich der Innenstadt liegt einige Fahrminuten entfernt der Balboa Park, das grüne Herz der Stadt mit einer verblüffenden Vielzahl kultureller Einrichtungen (Infos unter www.balboapark.org). Auf dem fast 500 ha großen Parkgelände fand im Jahr 1915 die Panama-California-

Weltausstellung statt, von der der malerische, im spanisch-barocken Stil gehaltene **California Tower** erhalten blieb. Ringsum reihen sich zahlreiche Museen, bei denen jeder für sein Interessensgebiet etwas findet: So sind etwa im **Botanical Building**, ursprünglich der Bahnhof, tropische Pflanzen zu sehen, das **Reuben H. Fleet Space Theater and Science Center** zeigt Technikausstellungen und hervorragende Großformat-Filme, das **Natural History Museum** widmet sich der Natur des Südwestens, und im **Old Globe Theatre** werden vorwiegend Shakespeare-Stücke aufgeführt. Daneben gibt es noch zwei Kunstmuseen, ein Auto-, ein Fotografie-, ein Flugzeug- und sogar ein Modelleisenbahnmuseum.

Der viel gerühmte **San Diego Zoo** im Norden des Balboa Parks ist mit mehr als 800 Arten einer der größten weltweit. In naturnahen Gehegen leben auf gut 50 ha Fläche mehr als 4000 Tiere. Höhepunkte sind die Gorilla-Anlage, das Panda-Zentrum, das Gehege für Eisbären und die Flusslandschaft der Nilpferde (2920 Zoo Dr., Anfahrt über I-5, Exit Pershing Dr., www.san diegozoo.org; tgl. ab 9 Uhr, Eintritt 54 $, Kinder 44 $,).

Am Nordwestrand des Balboa Park in **Hillcrest** (University/5th Ave.) können Sie eine Pause einlegen. Restaurants und Cafés säumen die Straßen, abends lädt das Szeneviertel zur Kneipentour. Leckere kalifornische Küche bietet das **Fig Tree** (421 University Ave., Tel. 619-298-2010; €–€€).

## OLD TOWN

In der historischen Keimzelle San Diegos gründeten die Padres 1769 ihre erste Mission Kaliforniens. Das kleine Viertel mit alten Adobebauten und viktorianischen Häusern steht unter Denkmalschutz. Rund zehn Gebäude um die **Old Town Plaza** sind originalgetreu möbliert und zu besichtigen (Info im Robinson-Rose House, 4002 Wallace St.). In den anderen sind mexikanische Restaurants und Geschäfte untergebracht. Die Mission wurde fünf Jahre nach der Gründung ins Hinterland verlegt, und so steht die prachtvoll restaurierte **Basilica San Diego de Alcala** heute knapp 10 km entfernt in Mission Valley (10818 San Diego Mission Rd.).

## MISSION BAY UND STRÄNDE

Am Südufer der Mission Bay liegt die berühmteste Attraktion San Diegos: **Sea World,**das größte Ozeanarium der Welt. Auf 60 ha Fläche tummeln sich in riesigen Becken Seehunde, Delfine, Pinguine, Seeotter u.v.a.m. Besonders imposant sind der Nachbau eines tropischen Korallenriffs und das Hai-Aquarium, durch das man in einem gläsernen Tunnel unter Wasser geht (500 Sea World Dr., www.seaworld.com; tgl. ab 10, Sommer ab 9 Uhr, 92 $).

Von Sea World aus kann man über den Mission Bay Drive nach Westen nach **Mission Beach** und **Pacific Beach** weiterfahren, den beliebtesten Strandvierteln der Stadt. Vor allem an Wochenenden ist hier viel Sport und Spiel im Sand geboten, und auch abends geht es in

den Restaurants, Bars und Musikklubs hoch her.

Nach Süden hin schließt die
Halbinsel **Point Loma** an. Mit weitem Blick über Meer und Stadt steht
dort auf den Klippen das **Cabrillo
National Monument** (www.nps.
gov/cabr) mit dem alten Leuchtturm, der seit 1855 den Schiffen den
Weg in den Hafen von San Diego
weist. Die Ausstellungen des Visitor
Center erläutern die Seefahrten der
frühen Entdecker, von den Aus-
sichtsplattformen kann man im
Spätherbst und Frühjahr häufig vo-
rüberziehende Wale beobachten.

## CORONADO

In Sichtweite von Point Loma, aber
nur über eine lange Brücke im Süden San Diegos zu erreichen ist der
Stadtteil Coronado, eine Halbinsel,
die die Bucht vom offenen Meer ab-
trennt. Die Nordhälfte der Halbinsel nimmt ein großer Marine-
stützpunkt ein. Im Südteil liegen
gepflegte Wohnviertel und das
historische **Hotel del Coronado**
› Bild S. 34, ein prunkvolles Grandhotel von 1888.

Von John Wayne bis John F. Ken-
nedy und Ronald Reagan reicht die
Liste der Gäste des Hauses. Marilyn
Monroe drehte hier mit Tony Curtis
den Film »Manche mögen's heiß«.
Ein perfektes Plätzchen für einen
Strandspaziergang und einen Drink
auf der Terrasse.

### INFO

**San Diego Visitor Information Center**
• 996-B N. Harbor Dr. | Tel. 619-737-2999
  www.sandiego.org

### HOTELS

Zahlreiche gute Mittelklassehotels liegen
am Hotel Circle östlich von Old Town, am
Strand um den Mission Boulevard und auf
Shelter Island.

**Catamaran Resort** €€€
Großes Ferienhotel mit Meerblick und
eigenem Strand an der Mission Bay.
• 3999 Mission Blvd. | Tel. 858-488 1081
  www.catamaranresort.com

**Hotel del Coronado** €€€
Historisches Grandhotel direkt am Strand,
mit neuem Wellnessbereich.
• 1500 Orange Ave. | Coronado
  Tel. 619-435-6611 | www.hoteldel.com

**Crown City Inn** €€
Gepflegtes Motel auf der Coronado-
Halbinsel mit idyllischem Innenhof.
• 520 Orange Ave. | Coronado
  Tel. 619-435-3116
  www. crowncityinn.com

**Dana on Mission Bay** €€
Resortmotel mit eigener Marina; breites
Wassersportangebot.
• 1710 W. Mission Bay Dr.
  Tel. 619-222-6440 | www.thedana.com

### CAMPING

**Campland on the Bay**
Weitläufiger Platz an der Mission Bay.
• 2211 Pacific Beach Dr.
  Tel. 858-581-4260
  www.campland.com

### RESTAURANTS

**San Diego Pier Cafe** €€–€€€
Sehr gute Fischgerichte, schöner Blick
über den Hafen.
• 885 W. Harbor Dr. | Tel. 619-239-3968

**Queenstown Public House** €€
Neuseeländische Küche in einem alten
Holzhaus mit Terrasse in Little Italy.
• 1557 Columbia St. | Tel. 619 546-0444

**Volcano Rabbit** €–€€
Mitten in Gastown, mit moderner mexikani-
scher Küche und beliebter Bar mit guter
Auswahl an Tequilas.
• 527 5th Ave. | Tel. 619-232-8226

**NACHTLEBEN**

Die Szene zieht es ins **Gaslamp Quarter**
um 4th und 5th Avenues. Beliebt ist auch
das Viertel **Hillcrest** um 5th/University
Avenues.

# JULIAN 7 📕 T29

Im Jahr 1870 wurde in den Hügeln
über San Diego Gold entdeckt, und
für kurze Zeit war Julian (www.visit
julian.com) die zweitgrößte Stadt
Südkaliforniens. Geblieben ist ein
verschlafenes Bergnest mit hölzernen Fassaden, dem historischen
B & B **Julian Hotel** (2032 Main St.)
und dem kleinen **Julian Pioneer
Museum** (2811 Washington St.),
das an die glorreichen Tage erinnert. Coffeeshops wie **Mom's** (2119
Main St.) servieren den berühmten
*apple pie.* > mehr S. 14 Punkt **16**

---

💬 **EL CAMINO REAL – DER WEG DER PADRES**

Bereits im 16. Jh. segelten die ersten spanischen Eroberer an der Küste
Kaliforniens entlang. Die kleinen, halbnomadischen indigenen Stämme dort
besaßen keine Goldschätze wie die Azteken in Mexiko, weshalb das Interesse
der Spanier schnell erlosch. Erst als Mitte des 18. Jhs. der Westen Amerikas
auch Engländer und Russen anzog, erinnerten sich die Spanier wieder an
ihre Rechte als Erstentdecker. 1769 sandte König Karl III. von Mexiko aus eine
Expedition los, um Kalifornien zu kolonisieren und die dortigen indigenen
Völker zu christianisieren. Unter der Leitung von Junipero Serra gründeten
Franziskaner-Padres zwischen 1769 und 1823 insgesamt 21 Missionen in Kalifornien, jeweils in Abständen von einer Tagesreise. Die so entstandene Kolonisierungsroute war der »Camino Real«, der Weg des Königs.

Die erste und südlichste Mission lag an der San Diego Bay, die letzte wurde
am Nordrand der San Francisco Bay errichtet. Die Absichten der Padres mögen die besten gewesen sein, doch die Ansiedlung der damaligen »Indianer«
bei den Missionen hatte katastrophale Folgen: Durch eingeschleppte Krankheiten wie Masern, Windpocken oder Grippe starben ihre Zöglinge oft schnel-
ler, als die Franziskaner sie taufen konnten. In kaum 50 Jahren spanischer
Herrschaft schrumpfte die Zahl der kalifornischen Ureinwohner von etwa
300 000 auf die Hälfte. Heute stehen die meist im maurischem Stil erbauten
Missionskirchen unter Denkmalschutz. Sie wurden restauriert, die Gärten
neu angelegt und die alten Friedhöfe wieder freigelegt. Oft zeigen Ausstellungen sehr anschaulich das mühevolle Leben der Padres und »ihrer
Indianer« – die nun politisch korrekt *Native Americans* genannt werden.

# ANZA BORREGO DESERT STATE PARK 8 ⭐ 📖 U30

# PALM SPRINGS 9 ⭐5 📖 U28

Rund 2500 km² steinige Wüste umfasst der Park an der Ostflanke der Coast Mountains. Nackte Felslandschaften mit schmalen Canyons und weite Ebenen mit kleinen Oasen prägen das Bild. 600 Blumen- und Kakteenarten gedeihen in der nur scheinbar öden *Colorado Desert*, Coyoten und Bergschafe bevölkern die kühleren Canyons, und im März/April überziehen die Blüten der Kakteen und unzählige Wildblumen die Region mit einem spektakulären Farbenteppich.

Karten für Wanderungen zu versteckten Wasserfällen wie im Borrego Palms Canyon sind im unterirdischen **Visitor Center** des Parks westlich von Borrego Springs erhältlich (200 Palm Canyon Dr., Tel. 760-767-4205, www.parks.ca.gov/anzaborrego). › mehr S. 13 Punkt 🔟

## HOTELS

**The Palms at Indian Head** €€
Nostalgisches Retromotel aus den 1950er-Jahren. Großer Pool; Diner und Drinks gibt es im Coyote Steakhouse.
• 2220 Hoberg Rd. | Borrego Springs
 Tel. 760-767-7788
 www.thepalmsatindianhead.com

**Borrego Springs Motel** €
Kleines Wüstenmotel, sauber und solarbetrieben.
• 2376 Borrego Springs Rd.
 Borrego Springs
 Tel. 760-767-4339
 www.borregospringsmotel.com

Einst verbrachten die Cahuilla Native Americans in der Palmenoase den heißen Sommer. Heute ist Palm Springs das Winterziel der Reichen und Schönen aus Los Angeles und ein beliebter Altersruhesitz. Doch es sind nicht nur Senioren, die hier den Luxus in der Wüste genießen. Die Stadt lockt ganzjährig als schickes Wochenendziel, Golfplätze und Luxusresorts warten auf Gäste.

In den Boutiquen und Cafés am **Palm Canyon Drive** drängeln sich Szeneleute, Künstler, Yuppies, Gays und Jungstars aus L.A., teure Karossen werden hier zur Schau gestellt. Jeden Donnerstag wird der Palm Canyon Drive in der Innenstadt am Abend zu einer bunten Flaniermeile. Beim **Village Fest** spielen Bands, an den Buden wird Kunsthandwerk verkauft, und Marktstände bieten frische Datteln und Papayas feil. › mehr S. 18 Punkt 37 (www.villagefest.org; jeden Do, Juni–Sept. 19 bis 22, Okt.–Mai 18–22 Uhr).

Lohnend ist eine Fahrt mit der Gondelbahn **Aerial Tramway** aus der Wüsten-Gluthitze in die Berge bis auf 2600 m (www.pstramway.com). Oben auf den Wanderwegen des **Mt. San Jacinto** ist es gleich um 20 Grad kühler. › mehr S. 17 Punkt 28

## INFO

**Palm Springs Visitor Center**
• 2901 N. Palm Canyon Dr.
 Palm Springs | Tel. 760-778-1418
 www.visitpalmsprings.com

Der Aerial Tramway fährt von Palm Springs aus auf 2600 m Höhe hinauf

## HOTELS

**Ritz-Carlton Rancho Mirage** €€€
Spektakuläres Luxushotel mit Golfplatz,
Spa und weitem Blick über die Wüste.
• 68900 Frank Sinatra Dr.
  Rancho Mirage | Tel. 760-321-8282
  www.ritzcarlton.com

**Palm Mountain Resort** €–€€
Angenehmes kleines Mittelklassehotel,
ganz zentral und mit Pool.
• 155 S. Belardo Rd. | Palm Springs
  Tel. 760-325-1301
  www.palmmountainresort.com

## RESTAURANT

**Lulu California Bistro** €–€€
Cooles Dekor, schöne Terrasse und gute
California Cuisine. › mehr S. 14 Punkt ⑬
• 200 S. Palm Canyon Dr. | Palm Springs
  Tel. 760-327-5858

# JOSHUA TREE NATIONAL PARK ⑩ ▮ V28

Das rund 2200 km² große, völlig
unbesiedelte Schutzgebiet gehört
zur Mojave Desert, einer hoch gelegenen Wüste mit Kakteen und 10 m
hohen Riesen-Yuccapalmen, den
*Joshua Trees,* nach denen die Region benannt ist. Entlang der 60 km
langen Panoramastraße, die beim
Örtchen Joshua Tree beginnt, liegen
mehrere Campingplätze und Lehrpfade. Die imposanten Granitfelsen
im Herzen des Parks sind ein Mekka
für Freeclimber. Das eindrucksvollste Wandergebiet im Park ist das
**Hidden Valley,** ein von riesigen
Felsblöcken eingeschlossenes Tal
(Rundweg etwa 2 Std.).

**INFO**
**Joshua Tree National Park**
Visitor Center am Nordosteingang bei
Twentynine Palms.
• Tel. 760-367-5500 | www.nps.gov/jotr

**RESTAURANT**
**29 Palms Inn** €–€€
Historische, gemütliche Bungalows in einer
Palmenoase am Rand des Nationalparks.
• 73950 Inn Ave. | Twentynine Palms
Tel. 760-367-3505 | www.29palmsinn.com

# HOOVER DAM 11 ◼ Y21

Der gewaltige Betonwall 40 km
südöstlich von Las Vegas, im 300 m
tiefen Black Canyon des Colorado
River, wird oft als modernes Welt-
wunder gepriesen. Die 221 m hohe
und an ihrer Basis 201 m dicke
Staumauer wurde von 1931 bis 1935
gebaut. Die heute17 Generatoren
versorgen große Teile Nevadas, Ari-
zonas und Südkaliforniens mit insgesamt 1,4 Mio. KW Strom. Der
180 km lange **Lake Mead,** der vom
Damm aufgestaut wird, ist der
größte künstliche See der USA.

Im **Visitor Center** auf der Westseite des Damms sind ein Modell
des Flusstales sowie Bilder aus der
Bauzeit zu sehen. Hier starten ca.
zweistündigen Führungen durch
die Generatorhallen tief unten im
Damm (www.usbr.gov/lc/hoover
dam; tgl. 9–15.45 Uhr, 15 $).

# LAS VEGAS 12 ◼ X21

Als 1931 das Glücksspiel in Nevada
legalisiert und zugleich mit dem
Bau des Hoover Dam begonnen
wurde, begann die beispiellose Karriere von Las Vegas. Die lichterglit-
zernde Metropole in der Wüstenhitze von Süd-Nevada ist mit heute
rund 2,2 Mio. Einwohnern die berühmteste Spielerstadt der Welt. Die
Casinos tun alles, um den Besuchern den Aufenthalt zu versüßen:
spektakuläre Fantasie-Themenho-
tels, immer neue Shows des Cirque
du Soleil oder mit großen Stars und
– falls gewünscht – schnelles Heira-
ten. Etwa 90 000 Ehen werden alljährlich in Las Vegas geschlossen.

## LAS VEGAS BOULEVARD

Am Las Vegas Boulevard, dem
»Strip«, reihen sich kitschige Hoch-
zeitskapellen und große Hotel-
Casinos: das **Venetian** mit Markus-
platz und künstlichen Kanälen, das
**Mirage,** vor dem abends alle 20 Mi-
nuten ein künstlicher Vulkan aus-
bricht, das **Bellagio** mit Wasserspie-
len im hauseigenen See, das **Paris**
mit Eiffelturm, das elegante **Cosmo-
politan,** das 5000 Zimmer umfassende **MGM Grand,** das spektakuläre **New York New York** mit
Manhattan-Skyline, das opulente
**Caesars Palace** mit antik-römisch
gestylter Shoppingarkade. Besonders spektakulär ist abends hinter
dem **Linq Casino** eine Fahrt mit
dem 167 m hohen **Las Vegas High
Roller,** dem weltgößten Riesenrad.

## FREMONT STREET/DOWNTOWN

In jüngerer Zeit hat man die zuvor
recht heruntergekommenen Spiel-
höllen der historischen Innenstadt
renoviert und die Fremont Street
wurde als Fußgängerzone über-

Die illuminierten Bellagio Fountains und der »Eiffelturm« des Paris Las Vegas Hotels

dacht (abends Lightshows). Eine Straße weiter erzählt im früheren städtischen Gerichtsgebäude das **Mob Museum** die Geschichte der Mafia in Las Vegas (300 Stewart Avenue, www.themobmuseum.org; tgl. 9–21 Uhr, 27 $).

## INFO
**Las Vegas Visitors Authority**
- 3150 S. Paradise Rd.
  Tel. 702-892-7575 od. 1-877-847-4858
  (+49 89 552533-435 in Deutschland)
  www.visitlasvegas.com/de

## VERKEHR
- **Flughafen: McCarran International Airport** (www.mccarran.com), 15 km südlich von Downtown. RTC-Linienbusse 108/109 (www.rtcsnv.com/transit) und Taxis zu den Hotels.
- **ÖPNV:** Entlang des Las Vegas Strip verkehren die Deuce- und SDX-Busse der **RTC** (www.rtcsnv.com; Einzelfahrt 6 $, Tagesticket 8 $, 3 Tage 20 $).

## HOTELS
**The Venetian** €€–€€€
Elegantes Casinohotel mitten am »Strip«.
- 3355 Las Vegas Blvd. S.
  Tel. 702-414-1000 | www.venetian.com

**Luxor** €–€€
4000 preiswerte Zimmer in und um eine 20-stöckige Pyramide.
- 3900 Las Vegas Blvd. S.
  Tel. 702-262-4000 | www.luxor.com

## RESTAURANTS
**Hexx** €€–€€€
Die schönste Terrasse am »Strip«, serviert wird italo-amerikanische Küche.
- Paris Casino | 3655 Las Vegas Blvd. S.
  Tel. 702-331-5100

**Margaritaville** €–€€
Partylokal mit mexikanischer Küche und Terrasse mit Ausblick.
- Flamingo Casino
  3555 Las Vegas Blvd. S.
  Tel. 702-733-3302

# DEATH VALLEY

 **13** ⭐ **6** 📖 U21

Der rund 230 km lange, von über 3000 m hohen Bergen umrahmte Grabenbruch gilt als eine der spektakulärsten Wüstenregionen des Südwestens. Rund 1500 km² des Tales liegen unter dem Meeresspiegel, im Sommer klettern die Mittagstemperaturen auf über 50 °C. Eine einsame Welt von Salzseen und Wanderdünen, von vielfarbigen Canyons und Wüstenebenen. Bei nur 50 mm Niederschlag pro Jahr entwickelte sich eine einzigartige Wüstenvegetation mit rund einem Dutzend endemischen Pflanzen- und Tierarten.

Die schönsten Aussichtspunkte des im **Death Valley National Park** geschützten Tales: **Dante's View,** wo sich aus 1668 m Höhe ein grandioser Blick über die riesige Talsenke bietet, und **Zabriskie Point** an der SR 190, der durch den gleichnamigen Kultfilm (1970) von Michelangelo Antonioni berühmt wurde. › mehr S. 16 Punkt **27**

Aus einem anderen Grund berühmt ist **Badwater** an der SR 178: Hier liegt inmitten eines schneeweiß glitzernden, meist völlig ausgetrockneten Salzsees der tiefste Punkt der westlichen Hemisphäre: 86 m unter dem Meeresspiegel.

## INFO

**Death Valley N.P. Visitor Center**
- Furnace Creek | SR 190
  Tel. 760-786-3200 | www.nps.gov/deva

## HOTEL

**The Oasis at Death Valley** €€
Ein Hotel in einem historischen Palast, dazu ein Motel in einer ehemaligen Ranch; Pool und Golfplatz. › mehr S. 13 Punkt **9**
- SR 190 | Tel. 760-786-2345
  www.oasisatdeathvalley.com

Mystische Stimmung am Zabriskie Point im Death Valley

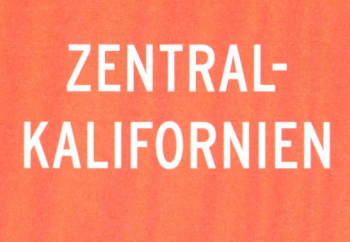

# ZENTRAL-
# KALIFORNIEN

Sonnenaufgang am Glacier Point im
Yosemite National Park

*Die Region zwischen L.A. und San Francisco vereint die attraktivsten Seiten des Golden State: die Strände und Klippen am Pazifik und die dramatische Bergwelt der Sierra Nevada. Ein ideales Revier für Erstbesucher.*

Als »das schönste Zusammentreffen von Land und Meer auf der ganzen Welt« bezeichnete der Schriftsteller Robert Louis Stevenson einmal die Region um Big Sur. Heute führt hier an der zentralen Küste Kaliforniens der legendäre Highway One entlang und auf den Klippen hoch über der Brandung kann man kann gut verstehen, was Stevenson meinte. Diese »Traumstraße der Welt« ist eines der Highlights Zentralkaliforniens, aber längst nicht das einzige: An der Küste im Süden laufen die Felsen in den Stränden von Santa Barbara aus, im Norden wartet die altspanische Hauptstadt Monterey mit kolonialem Charme. Im Binnenland begeistern die von den Eiszeitgletschern ausgehobelten Gebirgstäler

der Nationalparks Yosemite und Sequoia/Kings Canyon mit ihren Wasserfällen und Wildbächen die Wanderfreunde und es faszinieren jahrtausendealte Mammutbäume.

Die Landschaften im mittleren Teil Kaliforniens sind klar strukturiert: Zwei parallel verlaufende Bergzüge, die Coast Mountains und die Sierra Nevada, ziehen sich in Nord-Süd-Richtung. Im Westen begrenzt der Pazifik die Region, zwischen den beiden Bergzügen liegt das Central Valley. Diese Schwemmlandebene ist die wichtigste und produktivste Landwirtschaftsregion der ganzen USA. Auf den endlosen Feldern sieht man Reihen von Erntemaschinen rollen und Trupps von mexikanischen Wanderarbeitern beim Pflücken von Pfirsichen oder Walnüssen. Touristisch ist das weniger attraktiv, aber auch das ist Kalifornien. Interessanter sind da schon die idyllischen kleinen Weinbauregionen etwa bei San Luis Obispo.

Die besten Reisezeiten für die Küste sind Frühjahr und Herbst, denn im Hochsommer herrscht oft Nebel in Big Sur. Sommer und Herbst eignen sich am besten für die Sierra Nevada, denn dort liegt oft noch bis in den Juni hinein Schnee. Und wer Berge und Meer kombinieren möchte, kommt am besten im Spätsommer.

Seeelefanten an der Küste bei San Simeon

# TOUREN IN DER REGION

## MAMMUTBÄUME & GLETSCHERTÄLER

**ROUTE:** Los Angeles › Bakersfield › Sequoia N.P. › Yosemite N.P. › San Francisco

**KARTE:** Seite 96
**LÄNGE:** 3–5 Tage, 950 km
**PRAKTISCHE HINWEISE:**
- Für eine individuelle Tour sind ein Mietauto oder Wohnmobil nötig.
- Alternativ kann man ab San Francisco ein- und mehrtägige Sightseeingtouren zum Yosemite National Park buchen.
- Die Straßen in und durch den Sequoia/Kings Canyon National Park sind von Ende November bis März/April ganz oder teilweise gesperrt; Info: www.nps.gov/seki.
- Im Yosemite Valley sollte man Wochenenden meiden, dann herrscht Trubel und an den Eingängen Stau.
- Abstecher auf dem Tioga Pass (3031 m) im Yosemite über den Grat der Sierra sind nur von ca. Juni/Juli bis Okt./Nov. möglich.

## TOUR-START

Von **Los Angeles** › S. 58 aus führt der Golden State Freeway (I-5) durch das dicht besiedelte San Fernando Valley nordwärts und klettert dann als zehnspuriges Asphaltband über die braunen, nur von Buschwerk bewachsenen Tehachapi Mountains. Kurz vor der Industrie- und Ölstadt **Bakersfield** ▮ 023 zweigt die Route auf den Hwy. 99 ab. Nickende Ölpumpen begleiten die Autobahn durch das Stadtgebiet, doch bald machen die Pumpen riesigen Feldern und Plantagen Platz: Das Central Valley ist erreicht. In der Region um Bakersfield im Süden gedeihen v. a. Baumwolle und Orangen, weiter nördlich werden Walnüsse und Aprikosen, Wein, Reis und viel Gemüse angebaut. Auf dem Highway, der an der Ostseite des Tales entlangläuft, donnern Trucks mit Tomaten, Tankzüge mit Traubensaft und mit Obstkisten hoch beladene Lastwagen vorüber.

Bei Visalia zweigt die SR 198 nach Osten in die Berge ab und schlängelt sich als Generals Highway durch die **National Parks Sequoia** ❶ und **Kings Canyon** ❷ › S. 99 mit ihren uralten Mammutbäumen. Mit rechtzeitiger Vorbuchung übernachten Sie im Park, sonst in Pinehurst oder Three Rivers am Parkeingang – am besten für zwei Nächte, dann bleibt Zeit für Wanderungen. Die SR 180 führt danach zurück in die Ebene nach **Fresno** ❸ › S. 99, wo die SR 41 nach Norden abzweigt. Über Oakhurst geht es weiter zum Südeingang des **Yosemite National Park** ❹ › S. 100. Unbedingt lohnenswert: der Abstecher zum **Glacier Point** mit grandiosem Gebirgspanorama. Auch im **Yosemite Valley** lohnen sich (frühzeitig gebucht) zwei Übernachtungen, eine Alternative ist **Mariposa** ▮ L15 am westlichen Parkeingang.

Von dort ist geht es über den Hwy. 140 nach Westen, auf SR 99, I-205 und I-580 quer durch das Central Valley und über die Coast Mountains nach **San Francisco** › S. 110.

## TOUREN IN ZENTRALKALIFORNIEN

### TOUR ❻

**MAMMUTBÄUME & GLETSCHERTÄLER**

Los Angeles › Bakersfield › Sequoia N.P. › Yosemite N.P. › San Francisco

### TOUR ❼

**HIGHWAY ONE – DIE TRAUMSTRASSE**

San Francisco › Santa Cruz › Monterey › Big Sur › San Luis Obispo › Santa Barbara › Los Angeles

# HIGHWAY ONE – DIE TRAUMSTRASSE

**ROUTE:** San Francisco › Santa Cruz › Monterey › Big Sur › San Luis Obispo › Santa Barbara › Los Angeles

**KARTE:** Seite 96
**LÄNGE:** 4–6 Tage, 850 km
**PRAKTISCHE HINWEISE:**
- Die Strecke ist als Mietwagen-Reise angelegt, öffentliche Verkehrsmittel gibt es nicht.
- Machbar ist die Strecke auch in 2–3 Tagen, aber einige Pausentage für Besichtigungen sind sinnvoll.
- Der Highway One bei Big Sur ist vor allem im Winter nach Bergrutschen manchmal geschlossen; Straßen-Info: www.dot.ca.gov.

## TOUR-START:

Von **San Francisco** › S. 110 führt die Route über I-280 und Hwy. 1 direkt zum Pazifik und weiter nach Süden zum Surferstädtchen **Santa Cruz 5** › S. 101. Danach folgt der Hwy. 1 der Küste in weitem Bogen um die Monterey Bay. Gemüsefarmen säumen den Weg, und um den Farmort **Castroville** ▮ F18 erstrecken sich lange Reihen grüner Büschel: Artischocken. Castroville nennt sich nicht ohne Grund »Kaliforniens Artischockenhauptstadt«. › mehr S. 15 Punkt **20** Das nächste Etappenziel ist **Monterey 6** › S. 104 am Beginn der

**Monterey Peninsula.** Die gut 10 km lange Halbinsel ist mit ihren gischtumtosten Klippen und idyllischen Buchten eine der beliebtesten Ferienregionen der ganzen Pazifikküste und lohnt einen Tag Aufenthalt. Prächtige Villen und manikürte Golfplätze liegen verstreut zwischen Dünen und Zypressenwäldchen, hübsche Städte wie **Pacific Grove** › S. 105 und **Carmel 7** › S. 106 locken zum Bummeln.

Auf der Weiterfahrt verdient die **Point Lobos State National Reserve** ▮ F19 einen Stopp: In dem etwa 500 ha großen Schutzgebiet leben Seelöwen und Seeotter, Kormoranen und Pelikanen, die an der wildromantisch zerklüfteten Küste gut zu beobachten sind. Wanderwege wie der halbstündige »Cypress Grove Trail« führen zu umtosten Buchten und Gezeitentümpeln.

Danach wird es schnell ruhiger am Highway One, der berühmten Traumstraße, und die Coast Mountains rücken bei **Big Sur 8** › S. 106 näher an die Küste heran. Mit herrlichen Ausblicken führt der Hwy. 1 hoch über dem Meer entlang der fast völlig unbesiedelten Steilküste. Erst bei **San Simeon** ▮ H22 wird die Küste flacher, und der Highway verläuft wieder in greifbarer Nähe zum Meer. Oft sind hier an den Stränden Kolonien von Seeelefanten zu beobachten. › mehr S. 16 Punkt **26** In den Hügeln taucht oberhalb des winzigen Ortes ein turmgekrönter Palast auf: **Hearst Castle 9** › S. 107, das skurrile Vermächtnis des Zeitungszaren William R. Hearst und ein Tipp für Kunstliebhaber.

Hübsch für einen Bummel ist nahebei die historische Innenstadt des Städtchens **Cambria**  H22: Galerien, Boutiquen, Antikläden und Restaurants, z. B. Robin's (4095 Burton Dr., Tel. 805-927-5007). Hier können Sie in einem der kleinen Hotels auch mit Meerblick übernachten, z. B. im einfachen Castle Inn (6620 Moonstone Beach Dr., Tel. 805-927-8605, www.cambriainns.com; €€).

Der nächste Ort, **Morro Bay** J23, ist schon aus der Ferne an seinem Wahrzeichen zu erkennen: an der gut 175 m hohen vulkanischen Felsspitze des Morro Rock. › mehr S. 17 Punkt ③⑤ Von der alten spanischen Missionsstadt **San Luis Obispo** ⑩ › S. 108 geht es weiter auf dem Hwy. 101 nach Süden. Zeit für eine Weinprobe: Auf der SR 154/246 lohnt sich über Los Olivos und das skurril dänisch gestylte Dörfchen **Solvang** L25 ein Schlenker in das landschaftlich reizvolle **Santa Ynez Valley,** eine exzellente Weinbauregion (www.visitsyv.com).

Kalifornischer als **Santa Barbara** ⑪ › S. 108 kann ein Kolonial- und Strandstädtchen kaum sein. Zwei Nächte und einen Tag zum Baden und Radfahren sollten Sie hier einplanen. Danach bleibt der Hwy. 101 fast immer direkt an der Küste, zunächst im Schatten langer Eukalyptusalleen, dann entlang der steil abfallenden Berge. Dieser Meeresabschnitt ist so vielfältig, dass einige Inseln vor der Küste und das umgrenzende Schelf sogar zum **Channel Islands National Park** erklärt wurden. Im Hafen von **Ventura** 027 zeigt das Visitor Center (1901 Spinnaker Dr.) Ausstellungen und Filme über die artenreichen Tangwälder, Seelöwen- und Seevogelkolonien des Parks; die Chartergesellschaft Island Packers bietet Bootsexkursionen zu den unbewohnten Inseln an (Tel. 805-642-1393, www.islandpackers.com).

Von hier ist man dann auf dem Hwy. 101 in gut einer Stunde in **Los Angeles** › S. 58.

Der imposante vulkanische Morro Rock in der gleichnamigen Bay

# UNTERWEGS IN DER REGION

## SEQUOIA N.P. 1 ★ ▮ P19
## & KINGS CANYON N.P.
2 ▮ 019

Die beiden gemeinsam verwalteten Schutzgebiete umfassen insgesamt 3495 km² Bergwälder, hochalpine Wiesen und Canyons an der Westflanke der Sierra Nevada. Berühmteste Attraktion sind die in etwa 2000 m Höhe in den Bergen wachsenden Mammutbäume › Seitenblick S. 102. Sie waren auch der Anlass für die Parkgründung im Jahr 1890. Entlang dem **Generals Highway,** wie der Hwy. 198 im Park heißt, führen bei **Giant Forest** und **Grant Grove** diverse Lehr- und Wanderwege durch die urzeitlichen Wälder. Im Giant Forest ragt der größte der Baumgiganten auf: der General Sherman Tree, mit einer Höhe von 84 m und einem Umfang von 31 m der größte lebende Baum der Erde.

Der schönste Blick über die Berge und das Central Valley bietet sich vom **Moro Rock,** einem gewaltigen Granitklotz im viel besuchten Südteil des Parks. Ruhiger wird es bei einem Abstecher in die von nackten Granitwänden gesäumte Schlucht des **Kings Canyon,** wo bei Cedar Grove herrliche Wanderwege durch das Gletschertal führen, etwa zu den Zumwalt Meadows. Geübte Wanderer können von hier aus in die Hochgebirgswelt der Sierra aufbrechen. Der Mount Whitney, mit 4418 m höchster Gipfel der USA außerhalb Alaskas, liegt an der Ostgrenze des Parks. Für Bergsteiger ist er am besten vom Hwy. 395 von der Gebirgs-Ostseite her zu erreichen.

### INFO
**Three Rivers Visitor Center**
• 47050 Generals Hwy. | Three Rivers
  Tel. 559-565-3341 | www.nps.gov/seki

### HOTEL
**Stony Creek Lodge** €€
Kleines rustikales Hotel direkt im Park.
• 65569 General's Hwy. | Sequoia N.P.
  Tel. 559-565-3388
  www.sequoia-kingscanyon.com

## FRESNO 3 ▮ M18

Mit rund 1 Mio. Einwohnern ist Fresno die wichtigste Stadt im Central Valley und Zentrum der Agrarindustrie. Dank intensiver Bewässerung und dem heiß-sonnigen Klima wird ringsum buchstäblich alles angebaut, was in gemäßigten Breiten wächst und die nötige Rentabilität verspricht. Große Stauseen halten in der Sierra Nevada das Wasser nach der Schneeschmelze zurück, das dann übers Jahr auf die Felder des Central Valley verteilt wird.

Viele Attraktionen kann die Stadt zwar nicht bieten, aber die skurrilen Katakomben der **Forestiere Underground Gardens,** angelegt vor rund 100 Jahren von einem sizilianischen Einwanderer, sind einen Stopp wert (5021 West Shaw Ave., www.under groundgardens.com)

# YOSEMITE NATIONAL PARK 4 ⭐ 📱 M15

Gewaltige Gletschertäler, senkrechte Granitwände, schäumende Wasserfälle: Die dramatische Bergwelt des Yosemite ist das alpine Kronjuwel Kaliforniens und ein Mekka der Bergwanderer und Naturfreunde. Der 3084 km² große Nationalpark wurde 1890 gegründet und zählt heute zu den beliebtesten des Landes. Die meisten der jährlich fast 4 Mio. Besucher dringen allerdings nur in das Kernstück des Schutzgebietes vor, das nur 15 km² große **Yosemite Valley.** Im weiten Hinterland des Parks kann man aber noch viel ursprüngliche Natur erleben.
> mehr S. 12 Punkt ❸

Im Yosemite Valley (Vorsicht: verwirrendes Einbahnstraßensystem) sollten Sie zuerst im **Yosemite Village** die Ausstellungen des **Visitor Center** besuchen und von dort mit den kostenlosen Pendelbussen eine Tour durch den für Autos gesperrten östlichen Teil des Tales unternehmen. Entlang der Busroute beginnen Wanderwege wie etwa zu den Nevada Falls.

Vom Aussichtspunkt am **Wawona Tunnel** bietet sich am Hwy. 41 der schönste Ausblick über das Yosemite Valley: die von Extrembergsteigern geliebte Steilwand des **El Capitan** linker Hand, schroffe Granitzinnen und der weiß schäumende **Bridalveil Fall** rechter Hand, im Hintergrund die Kuppe des **Half Dome** – das grandiose Werk der

Spektakuläres Panorama am Glacier Point

Eiszeitgletscher in der Sierra Nevada. › mehr S. 15 Punkt ㉑

Im Sommer – nur dann ist die 25 km lange Seitenstraße geöffnet – lohnt sich ein Abstecher zum **Glacier Point.** Von fast 1000 m über der Talsohle hat man einen herrlichen Blick über das Yosemite Valley, an der gegenüberliegenden Wand rauschen die **Yosemite Falls** 739 m in die Tiefe – die höchsten Wasserfälle Nordamerikas. Das hochalpine Hinterland des Parks ist auf der Panoramastraße Hwy. 120 über den **Tioga Pass** zugänglich.

Am Südeingang des Parks befindet sich **Mariposa Grove,** ein großer Mammutbaumhain, der auf einer 2- bis 3-stündigen Wanderung zu bewundern ist (Anfahrt per Shuttlebus vom Südeingang des Parks aus).

### INFO
**Yosemite Valley Visitor Center**
• 9035 Village Dr. | Yosemite
   Tel. 209-372-0200
   www.nps.gov/yose

### HOTELS
**Queen's Inn by the River** €€
Einfaches, gepflegtes Motel am Südeingang des Parks.
• 41139 Hwy. 41 | Oakhurst
   Tel. 559-683-4354
   www.queensinn.com

**Yosemite Valley Lodge** €€
Gute Mittelklasse in Glas-Holz-Architektur, in bester Lage am Fuß der Wasserfälle. Auch Buchungszentrale für weitere Unterkünfte im Park.
• Yosemite Valley | Tel. 602-278-8888
   www.travelyosemite.com/lodging

**Yosemite Bug Mountain Resort** €
Rustikale Zimmer, auch Jugendherberge mit Mehrbettzimmern und nettes Café.
• 6979 CA-140 | Midpines
   Tel. 209-966-6666
   www.yosemitebug.com

# SANTA CRUZ ⑤ ▮ F17

Das Universitätsstädtchen Santa Cruz (60 000 Einw.) am Nordende der Monterey Bay hat den Boom des nahen Silicon Valley etwas verschlafen. Früher lebte man hier von der Holzfällerei, aber schon um die Jahrhundertwende entstand wie in vielen kalifornischen Strandorten eine Promenade mit Karussells und Achterbahnen nach dem Vorbild der englischen Strandbäder. Heute ist der **Santa Cruz Beach Boardwalk** mit dem hübschen Karussell von 1911 der einzige seiner Art an der Westcoast. Ebenfalls sehenswert: das kleine **Surfing Museum** (701 W. Cliff Dr., www.santacruz surfingmuseum.org; Di u. Mi, im Sommer nur Di geschl.) im alten Leuchtturm am Nordende der Stadt, vor dem oft die modernen Surfer die Pazifikbrandung reiten.

### HOTEL
**Casablanca Inn** €€–€€€
Historisches Ferienhotel mit 33 individuell gestalteten Zimmern; nahe dem Stadtpier.
• 101 Main St. | Tel. 831-423-1570
   www.casablanca-santacruz.com

### RESTAURANT
**Crow's Nest** €€
Fisch und Steaks mit Blick übers Wasser.
• 2218 E. Cliff Dr. | Tel. 831-476-4560

#  SUPERLATIVE IN HOLZ

Die höchsten, die größten, die ältesten – mit seinen Bäumen kann Kalifornien weltweit jede Konkurrenz übertreffen. Die hölzernen Giganten gehören zu den erhabensten Naturwundern des Golden State. Noch bis vor 50 Mio. Jahren wucherten in vielen Regionen der Erde solche Wälder mit riesenhaften Bäumen. Geblieben sind nach Klimaänderungen und Eiszeiten nur zwei Spezies dieser Mammutgewächse, beide in Kalifornien.

## KATHEDRALEN DER NATUR

Die echten **Mammutbäume** *(sequoia gigantea)* wachsen in eng begrenzten Hainen an der Westflanke der Sierra Nevada auf Höhen über 2000 m; die durstigen Riesen brauchen die großen Schneemengen des Winters dieser Region. Die *Giant Sequoias* werden zwar nur 90 m hoch, können aber bis zu 10 m Stammdurchmesser und 30 m Umfang erreichen und an die 3000 Jahre alt werden. In Volumen und Masse sind sie die größten »Lebewesen« unserer Erde. Die kleinen Bestände der Mammutbäume wurden bald nach ihrer Entdeckung im 19. Jh. unter Schutz gestellt und überleben heute in National und State Parks wie **Yosemite** › S. 100, **Sequoia** › S. 99 oder **Calaveras Big Trees.** › mehr S. 17 Punkt ㉙

Am Fuß eines gigantischen Mammutbaums in Mariposa Grove, Yosemite National Park

Die zweite Sequoienart gedeiht an der feuchten Küste Nordkaliforniens. Die **Redwoods** *(sequoia sempervirens)* sind die höchsten Bäume der Welt: 100, ja 110 m hoch und über 2000 Jahre alt werden die Giganten. Wie die Säulen einer gotischen Kathedrale ragen die massigen Stämme aus dem von Farnen überwucherten Waldboden. Wenn im Sommer an der kühlen Küste häufig Nebel zwischen den Baumriesen wabert, dann ist das Bild der geheimnisvollen Urwelt komplett. Die ursprünglich viel größeren Beständen der Küsten-Redwoods wurden allerdings stark dezimiert, zu Zigtausenden fielen die mächtigen Stämme den Äxten der Holzfäller zum Opfer. Erst im 20. Jh. wurden die letzten Exemplare in Schutzgebieten wie **Redwood National Park** › S. 144, **Humboldt Redwood State Park** › S. 142, **Muir Woods National Monument** oder **Big Basin Redwoods State Park** bewahrt.

- Calaveras Big Trees State
  Park ▮ K13
  1170 CA-4 | Arnold
  Tel. 209-795-2334 | www.bigtrees.org
- Muir Woods National
  Monument ▮ E14
  1 Muir Woods Rd. | Mill Valley
  Tel. 415-561-2850
  www.nps.gov/muwo
- Big Basin Redwoods State Park ▮ F17
  21600 Big Basin Way | Boulder Creek
  Tel. 831-338-8860 | www.parks.ca.gov

## IMMUN GEGEN WALDBRÄNDE

Völlig gelöst ist das Geheimnis des langen (Über-)Lebens dieser Bäume bis heute nicht, doch mehrere Faktoren tragen dazu bei: Ihre Rinde ist asbestartig fasrig und brennt nur schwer. Auch fließt unter ihrer Rinde kein leicht entflammbares Harz, sondern ein wässriger Saft, der zudem Ungeziefer fernhält. Die in Kalifornien häufigen Waldbrände sind für die Mammutbäume sogar überlebenswichtig. Nach einem Brand können auf dem basischen Ascheboden neue Bäume keimen, und das Feuer lichtet den Wald, sodass die Sonne auch die Sämlinge am Boden erreichen kann. Damit neue Sequoien wachsen können, legen die Ranger in den Parks sogar kontrollierte Brände.

## ÄLTER ALS DIE PYRAMIDEN

In Größe und Höhe kann es die dritte Rekordbaumart Kaliforniens mit den Sequoien nicht aufnehmen: Klein und unscheinbar sind sie, und ihr Stamm ist meist hoffnungslos verkrüppelt. Doch die **Grannenzapfenkiefern** *(bristlecone pines)*, die auf über 3000 m Höhe in den White Mountains nahe der Ostgrenze Kaliforniens wachsen, sind bis zu 5000 Jahre alt. Wie halb zerfallene Gerippe stehen die Methusalems auf den kahlen Kuppen der Berge, in dünner Luft und eisigen Stürmen ausgesetzt. In 100 Jahren wachsen ihre Äste kaum mehr als 3 cm. Echte Überlebenskünstler, die im Ostteil des Inyo National Forest unter Schutz stehen:

- Ancient Bristlecone Pine
  Forest ▮ Q18
  White Mountain Rd. | Bishop
  Tel. 760-873-2400
  www.fs.usda.gov/inyo

# MONTEREY 6 F19

Die Stadt (30 000 Einw.) am Nordende der gleichnamigen Halbinsel besitzt eine lebendige, hübsch restaurierte Altstadt, die ihre wichtige Rolle in der Geschichte Kaliforniens belegt. Bereits 1602 entdeckte Sebastián Vizcaíno die große Meeresbucht, die er nach dem spanischen Vizekönig *Monte Rey* benannte. 150 Jahre später, als die Spanier mit der Kolonisierung begannen, wurde hier die zweite Missionsstation des Landes gegründet und Monterey zur Hauptstadt der Kolonie *Alta California* erklärt. Bis 1850 blieb die Hafenstadt das politische und wirtschaftliche Zentrum Kaliforniens. Später war Monterey lange ein großer Fischereihafen, doch erst der Tourismus bescherte der Stadt einen neuen Aufschwung.

## DIE ALTSTADT

Guter Ausgangspunkt für einen Stadtbummel ist die vom Mastenwald der großen Marina umrahmte **Fisherman's Wharf,** an der allerdings längst keine Fischer mehr arbeiten. Zwischen Restaurants und Souvenirläden drängeln sich die Besucher. Gegenüber dem Pier steht das 1827 erbaute **Custom House,** in dem ein Museum typische Waren der damaligen Zeit zeigt.

Kunstfreunde dürfen sich nebenan die große Sammlung der **Dalí Expo** nicht entgehen lassen. Salvador Dalí lebte in den 1940er-Jahren hier im Exil (5 Custom House Plaza, www.thedaliexpo.com; tgl. 10–17, Fr/Sa bis 18 Uhr, 20 $).

Der **Path of History,** ein 3 km langer Rundweg, führt zu den historischen Sehenswürdigkeiten der Altstadt: zu alten mexikanischen Häusern aus luftgetrockneten Adobe-Lehmziegeln und zum **Stevenson House,** einem ehemaligen Hotel, in dem 1879 der Autor des Romans »Die Schatzinsel«, Robert L. Stevenson, wohnte und schrieb (530 Houston St.).

## CANNERY ROW

Im Westteil von Monterey liegt am Ufer der Bucht die berühmte »Straße der Ölsardinen«, der John Steinbeck im gleichnamigen Roman 1938 ein literarisches Denkmal setzte. Die Cannery Row war damals das Zentrum des Sardinenfangs in Kalifornien. Tausende von Arbeitern schufteten unter härtesten Bedingungen in den Konservenfabriken, bis in den 1940er-Jahren die Sardinenschwärme plötzlich ausblieben. Danach verkam die Cannery Row zum verwahrlosten Hafenviertel. Heute sind in die alten Fabriken Hotels, Restaurants und Läden eingezogen.

Größte Attraktion ist das weltweit gerühmte **Monterey Bay Aquarium 8,** das sich mit der Meeresfauna und -flora der Pazifikküste und des Tiefseecanyons vor Monterey befasst. In teils 10 m hohen Glasbecken kann man Wasserschildkröten, Haie, Tunfische und einen Tangwald bewundern oder putzigen Seeottern beim Muschelknacken zusehen (886 Cannery Row, www.montereybayaquarium.org; Erwachsene 50 $, Kinder 30 $).

Faszinierende Küstenszenerie mit der Lone Cypress am 17-Mile Drive

## PACIFIC GROVE

Das um 1875 von Methodisten gegründete Städtchen westlich der
Cannery Row ist wesentlich ruhiger
als Monterey, mit hübschen viktorianischen Häusern und langen Spa-
zierwegen am Meer, die sich bis
zum **Point Pinos Lighthouse** hin-
ziehen. Zu einem Pilgerziel für
Schmetterlingsfreunde wird Pacific
Grove alljährlich ab Mitte Oktober
– dann sammeln sich in den
Bäumen am Westrand des Ortes
Tausende von Monarchfaltern zum
Überwintern.

Von Pacific Grove führt der
**17-Mile Drive,** eine gebührenpflich-
tige Panoramastraße, an der Küste
nach Süden bis bis Carmel › S. 106,
durch eine heile Welt von eleganten
Villen und Golfplätzen. Rechter
Hand schäumt das Meer über die
Klippen, von den Aussichtspunkten
um Cypress Point oder bei der berühmten **Lone Cypress** eröffnen
sich grandiose kalifornische Insta-
gram-Panoramen.

### INFO

**Monterey Visitors Center**
• 401 Camino El Estero
Tel. 888-221-1010
www.seemonterey.com

### HOTELS

**Monterey Hotel**, €€–€€€
Elegantes historisches Hotel mitten in der
Altstadt.
• 407 Calle Principal | Tel. 831-375-3184
www.montereyhotel.com

**Sunset Inn** €€–€€€
Gemütliches kleines Hotel nahe dem Kap.
• 133 Asilomar Blvd.
Pacific Grove | Tel. 831-375-3529
www.gosunsetinn.com

**Monterey Bay Lodge** €–€€
Familienfreundliches Gartenmotel am
Nordeingang der Stadt.
• 55 Camino Aguajito | Tel. 831-372-8057
  www.montereybaylodge.com

## RESTAURANTS
**Passionfish** €€€
Hervorragender Fisch in einem modernen
Dinner-Bistro.
• 701 Lighthouse Ave. | Pacific Grove
  Tel. 831-655-3311

**Café Fina** €€
Italo-Seafood direkt auf dem Pier.
• 47 Fisherman's Wharf | Tel. 831-372-5200

**The Fish Hopper** €€
Terrasse direkt am Wasser, ökologisch
korrekt gefischter Fisch.
• 700 Cannery Row | Tel. 831-372-8543

# CARMEL 7 ⭐ 📖 F19

Das charmante Stranddorf an der
herrlichen weißen Bucht wurde Anfang des 20. Jhs. von Künstlern aus
San Francisco gegründet, die hier
das Bohèmeleben probten. Seither
mauserte sich das Örtchen zu einem
Refugium der Reichen, die sich gern
mit einer Aura von Bohème umge-
ben: Es gibt keine Ampeln in Carmel und auch keine Straßenlater-
nen. Der breite Strand ist tatsächlich
noch so attraktiv wie einst, und die
wild überwucherten Gärten in den
Seitenstraßen lassen Gedanken an
das Idyll von früher aufkommen.

Doch an der von Galerien und
Edelrestaurants gesäumten **Ocean
Avenue** wird man schnell wieder in
die Gegenwart geholt. Am Südende

von Carmel blieb die von blühen-
den Agaven und Kakteen umrahmte, 1771 gegründete **Mission San
Carlos Borromeo** erhalten (3080
Rio Rd., www.carmelmission.org).

## HOTEL
**Tickle Pink Inn** €€€
Wundervolle kleine Luxusherberge hoch
über dem rauschenden Meer.
• 155 Highland Dr. | Tel. 831-624-1244
  www.ticklepinkinn.com

## RESTAURANTS
**Treehouse Cafe** €€–€€€
Lauschige Dachterrasse, empfehlenswert
auch zum Lunch.
• San Carlos St./7th Ave. | Tel. 831-626-1111

**Rio Grill** €€
Exzellente California Cuisine.
• 101 Crossroads Blvd. | Tel. 831-625-5436

# BIG SUR 8 9 📖 G20

Der 120 km lange Steilküstenab-
schnitt südlich von Monterey gehört zu den landschaftlichen Highlights am **Highway One.** Das klare
Licht und die intensiven Farben von
Big Sur haben schon viele Maler
und Fotografen begeistert. Der
Schriftsteller Henry Miller lebte
hier 17 Jahre lang und machte seine
Wahlheimat berühmt im Roman
»Big Sur und die Orangen des Hie-
ronymus Bosch«. In mehreren kleinen Naturschutzgebieten kann man
die Strände erkunden, z. B. im **Julia
Pfeiffer Burns State Park,** oder im
Tal des Big Sur River durch die Redwood-Wälder wandern, etwa im
**Pfeiffer Big Sur State Park.**

Die Traumstraße Highway One schlängelt sich an der Steilküste von Big Sur entlang

## RESTAURANT

**Nepenthe's Cafe Kevah**
Die schönste Terrasse für eine Pause mit Traum-Küstenblick, auch gut zum Lunch.
• 48510 Hwy. 1 | Tel. 831-667-2345

# HEARST CASTLE 9 🚩 H22

Im Filmklassiker »Citizen Kane« (1941) nahm sich Orson Welles das Leben des Zeitungsmagnaten William Randolph Hearst zum Thema. Und das Vorbild des Titelhelden führte wahrlich ein filmreifes Leben: Sein Vater, ein reicher Bergwerksbesitzer, schenkte dem 1863 geborenen Hearst im Alter von 24 Jahren eine Zeitung in San Francisco. Er machte daraus ein Medienimperium mit über 40 Zeitungen der Boulevardpresse, mit Radiostationen und Filmstudios. 1919, auf dem Höhepunkt seiner Karriere, begann er, für sich und seine Lebensgefährtin, die Schauspielerin Marion Davies, in den Hügeln der Central Coast bei San Simeon zu bauen: ein Märchenschloss mit 115 Zimmern, Wandelgängen und prächtigen Gärten. Stararchitektin Julia Morgan aus San Francisco führte Hearsts Pläne aus. Aus Europa holte der Milliardär dazu passende Kunstwerke: byzantinische Mosaiken, etruskische Vasen, flämische Gobelins und römische Statuen – eine Sammlung von heute unschätzbarem Wert.

Bis 1947 wurde an dem Fantasiepalast gebaut, dann erkrankte Hearst und konnte auch sein Vermögen nicht mehr halten. 1951 starb er, wenige Jahre später übereigneten seine Erben das teure Schloss samt seinen immensen Kunstwerten dem Staat Kalifornien – gegen 50 Mio. $ Steuergutschrift. Aus dem Traum des Zeitungszaren wurde ein Schatzkästchen für Kunstliebhaber (750 Hearst Castle Rd., San Simeon, Reservierung von Führungen unter Tel. 800-444-4445, www.hearstcastle.org; Touren ab 25 $, Kinder ab 12 $).

## SAN LUIS OBISPO  J23

Die 50 000-Einwohner-Stadt liegt auf der alten Kolonisierungsroute der Spanier und wurde 1772 als fünfte Mission in Kalifornien gegründet. Ein Altstadtbummel führt vorbei an viktorianischen Häusern, an den Läden und Cafés der **Mission Plaza** und an der restaurierten Missionskirche **San Luis Obispo de Tolosa** (Chorro/Monterey Sts.).

Südlich der Stadt wartet im **Edna Valley,** einer noch jungen Weinregion, ein Dutzend kleiner Winzerbetriebe, die auch Verkostung anbieten, z. B. die **Tolosa Winery** (4910 Edna Rd., www.tolosawinery.com).

Die breiten Strände und hohen Dünen im quirligen Vorort **Pismo Beach** sind in ganz Kalifornien berühmt: Hier darf man mit dem Auto am Strand fahren, und mit Allradantrieb auch in den Dünen.

### INFO

**SLO Visitor Center**
- 895 Monterey St. | Tel. 805-781-2777
  www.visitslo.com

### HOTELS

**Madonna Inn** €€−€€€
Ein verrücktes Hotel mit 109 Zimmern in Fantasiedekor, dazu ein wunderbar kitschiges Steakrestaurant im Haus.
- 100 Madonna Rd. | Tel. 805-543-3000
  www.madonnainn.com

**Sundown Inn** €−€€
Nettes, älteres Motel in Strandnähe.
- 640 Main St. | Morro Bay
  Tel. 805-772-7381
  www.sundowninn.com

## SANTA BARBARA

**11** ⭐ M26

Mediterranes Flair, ein Stadtbild im spanischen Kolonialstil, perfektes Klima: Müsste man einen Ort auswählen als Inbegriff des California Feeling, dann wäre Santa Barbara oben auf der Liste. Die Stadt (90 000 Einw.) liegt von Palmen umrahmt pittoresk an einer weiten Bucht am Fuß der Santa Ynez Mountains. Die Studenten der University of Santa Barbara im Vorort **Isla Vista** sorgen für quirliges Strandleben, die betuchten Senioren bringen Geld in die Stadtkasse und in der schicken Szene Hollywoods gehört das Weekend in Santa Barbara einfach dazu.

Bester Ausgangspunkt für einen Stadtbummel ist das von üppigen Gärten umrahmte, im spanisch-maurischen Stil gehaltene **County Courthouse** in der Altstadt (1100 Anacapa St.; Mo–Fr 8–17, Sa/So 10–17 Uhr). Vom Turm des Baus aus den 1920er-Jahren blickt man weit über die Stadt: rote Terrakottadächer und weiß getünchte Wände, wohin das Auge fällt, dazwischen grüne Tupfer der Palmen.

Einen Block westlich verläuft die **State Street,** die Hauptstraße der Altstadt. In schattigen Innenhöfen und Arkaden wie dem **El Paseo** an der Ecke De la Guerra Street drängen sich Boutiquen und Cafés. In den Seitenstraßen sind Lehmziegelhäuser aus den frühen Tagen der Stadt zu besichtigen, so etwa die **Casa de la Guerra** im El Paseo sowie die Bauten des **Presidio de Santa Barbara,** die Rekonstruktion des einstigen spanischen Forts an der Canon Perdido Street.

Am Fuß der State Street liegt die **Stearns Wharf,** der von Jachthäfen und Badestränden umrahmte Mittelpunkt von Santa Barbaras Beach-Szene. Auf dem Hafenpier findet man Restaurants, Angelshops und ein gutes kleines Aquarium. › mehr S. 18 Punkt ⓴ Vom Hafen starten auch Bootsausflüge zum Whale Watching (Condor Express, 301 W. Cabrillo Blvd., Tel. 805-882-0088, www.condorexpress.com).

Juwel und Keimzelle der Stadt ist die 1786 gegründete **Mission Santa Barbara,** die als schönste der 21 Missionsstationen Kaliforniens gilt. Die zweitürmige Kirche mit romantischem Innenhof thront auf einem Hügel über der Stadt. Im ehemaligen Kloster dokumentiert ein Museum die Missionsarbeit der Franziskaner (Los Olivos/Laguna Sts., www.santabarbaramission.org).

Die Kirche der Mission Santa Barbara

### INFO
**Santa Barbara Visitors Bureau**
• 1 Garden St. | Tel. 805-965-3021
  www.santabarbaraca.com

### HOTELS
**Four Seasons Biltmore** €€€
Eine Grand Dame der Luxushotels in einer Parkanlage am Meer.
• 1260 Channel Dr. | Montecito
  Tel. 805-969-2261 | www.fourseasons.com

**Franciscan Inn** €€
Angenehmes Quartier in einem ruhigen Wohnviertel nahe der Stearn's Wharf.

• 109 Bath St. | Tel. 805-963-8845
  www.franciscaninn.com

**Pepper Tree Inn** €€
Komfortables, großes Motel am Westende der Stadt.
• 3850 State St. | Tel. 805-687-5511
  www.sbhotels.com

### RESTAURANTS
**Louie's California Bistro** €€
Bistro mit kalifornisch-italienischer Küche, guter Fisch und Lamm, erlesene Weine aus Kalifornien und Europa.
• 1404 De la Vina St. | Tel. 963-7003

**Shoreline Beach Café** €€
Terrasse am Strand, einige Tische stehen sogar direkt im Sand. Gutes Frühstück und mexikanische Spezialitäten.
• 801 Shoreline Dr. | Tel. 568-0064

**Brophy Brothers** €–€€
Hafenlokal mit herrlichem Blick über Boote und Berge. Gute Fischgerichte.
• 119 Harbor Way | Tel. 966-4418

# SAN FRANCISCO

Cable-Car-Fahrt mit Blick auf Alcatraz

*San Francisco boomt wieder nach der Finanzkrise. Die Schöne an der Bay schwelgt zum einen in Erinnerungen an die Hippieära, zum anderen sonnt sie sich im Erfolg der High-Tech-/IT-Branche und der Sharing Economy.*

Seit jeher gilt San Francisco als Geburtsstätte von Trends, sei es ökonomisch oder gesellschaftlich. Studentenproteste, Hippie- und Gay-Bewegung, Anti-Aids-Kampagnen, Twitter und Uber, alles nahm seinen Anfang in und um San Francisco. Noch heute lebt die Stadt (837 000 Einw, Großraum 4,7 Mio.) von diesem Image von Umbruch und Freiheit, auch wenn die wilden Zeiten vorbei sind und nur das Viertel Haight-Ashbury noch ein wenig an die Blumenkinder erinnert. Doch nach wie vor scheinen weite Teile der City Bohèmeviertel zu sein. Selbst Fisherman's Wharf, die Touristenmeile am Hafen, hat sich noch Charme bewahrt. Auch das exotische Chinatown oder das elegante, viktorianische Pacific Heights haben ihren Reiz. Dazu kommen eine der schönsten Hängebrücken der Welt, ein herrlicher Stadtpark, aus der Bucht aufsteigender Nebel für die Dramatik, die grandiose Lage zwischen schimmernder Bay und blauem Pazifik – fertig ist das perfekte Besucherziel.

Der Aufschwung der 1776 gegründeten Missionsstation San Francisco de Asis, später ein spanisches *Presidio* (Fort), setzte rasant 1848 mit dem Goldfund in der Sierra Nevada ein. binnen weniger Jahre wuchs San Francisco auf über 50 000 Einwohner an, um die Wende zum 20. Jh. waren es bereits 425 000. Dann kam das berüchtigte Erdbeben von 1906, bei dem 452 Menschen starben und fast 300 000 obdachlos wurden, da rund 80 % der Häuser San Franciscos im anschließenden Großfeuer zerstört wurden. Doch schon vier Jahre später war die Stadt fast vollständig wiederaufgebaut. In den 1930er-Jahren wurden die Golden Gate Bridge und die Bay Bridge errichtet, und nachdem San Francisco im Zweiten Weltkrieg eine wichtige Rolle als Kriegshafen gespielt hatte, wurde es in den folgenden Jahrzehnten zum beliebten Touristenziel und modernen Finanzplatz. Die 1960er-Jahre, die große Zeit des Protestes und der Gegenkultur, legten zudem den Grundstein für den Ruf San Franciscos, eine der tolerantesten Städte der USA zu sein.

So richtig geschuftet wird in den anderen Städten rund um die Bucht, in Oakland etwa oder in den High-Tech- und IT-Firmen des Silicon Valley südlich von San Francisco. In der City gehen die Uhren anders, Kreativität uund alternatives Denken sind gefragt. Lifestyle steht ganz oben bei den jungen Leuten aus aller Welt, die in WGs Steve Jobs oder Bill Gates nacheifern. San Francisco bietet dazu den Nährboden.

# UNTERWEGS IN SAN FRANCISCO

## DOWNTOWN-SPAZIERGANG

**ROUTE:** Market Street › SoMa › Chinatown › Telegraph Hill › Fisherman's Wharf › Market Street

**KARTE:** Seite 115
**LÄNGE:** 1 Tag/10 km zu Fuß und mit Cable Car
**PRAKTISCHE HINWEISE:**
- Die City ist sehr fußgängerfreundlich.
- Ein Fahrzeug ist in der Innenstadt nur schwer (und teuer) zu parken.
- Die beste Busverbindung zwischen Fisherman's Wharf und Innenstadt ist die Nr. 30, die über Stockton St. und Columbus Ave. durch Chinatown verkehrt. Gut zu nutzen, wenn die Schlange bei den Cable Cars sehr lang ist.
- Eine gute Alternative zu den Cable Cars ist die historischen Straßenbahn F-Line, die an Beach/Jones St. startet und entlang des Embarcadero zur Market Street führt.

## TOUR-START: VON DER MARKET STREET NACH SOMA

Ein guter Startpunkt ist die **Hallidie Plaza** 1 an der Ecke Powell/Market Sts. Zunächst führt die Tour einige Schritte nach Osten entlang der Market Street, der Hauptschlagader der Stadt. Läden, Hotels und Einkaufszentren, wie rechter Hand das elegante neunstöckige **San Francisco Centre** säumen sie (865 Market St., www.westfield.com/sanfrancisco). › mehr S. 17 Punkt **34**

Die Fourth Street zweigt rechts ab nach **SoMa** (South of Market), einst ein hässlicher Lagerhallenbezirk, heute bevorzugtes Quartier von App- und Internetentwicklern und abendlichen Szenegängern, die hier in den Musikklubs und Galerien unterwegs sind.

An der Ecke Mission Street beginnen dann die **Yerba Buena Gardens** 2, eine hübsche Grünanlage mit einem Denkmal für Martin Luther King Jr., dem Children's Creativty Museum, einem Entertainmentcenter und einer Terrasse mit schönem Blick über die Skyline der Innenstadt. Direkt südlich davon befindet sich im Kongress- und Ausstellungskomplex des **Moscone Center** das große San Francisco Visitor Information Center › S. 123.

Quer durch die Anlage bummelt man weiter nach Osten zum **Center for the Arts.** Direkt dahinter liegt ein echter Leckerbissen für Kunstfreunde: das architektonisch sehr gelungene, vom Schweizer Architekten Mario Botta erbaute und 2016 von Snøhetta erweiterte **San Francisco Museum of Modern Art** ⭐ (SFMOMA) mit einer über 30 000 Werke umfassenden Sammlung (151 Third St., www.sfmoma.

org; Fr–Di 10–17, Do bis 21 Uhr, Mi geschl., 25 $, bis 18 J. Eintritt frei). > mehr S. 17 Punkt **30** Nicht verpassen sollte man das zugehörige **Pritzker Center for Photography.**

## ZUM UNION SQUARE

Auf der Third Street kommt man zurück zur Market Street, wo rechter Hand gegenüber die Türme des **Financial District** über der Kearny und Montgomery Street aufragen. Dies ist die Wall Street des Westens mit Bauten wie der 52-stöckigen **Bank of America** und der für die Skyline San Franciscos so charakteristischen, 225 m hohen **Transamerica Pyramid** von 1972.

Von hier sind es über die Geary St. nur einige Schritte zum **Union Square 3** im Herz der Innenstadt. Der von Palmen umstandene Platz erhielt seinen Namen um 1860, als sich die Bürger dort trafen und die Lage der Union kurz vor dem Bürgerkrieg diskutierten. Heute befindet sich hier der Nabel der Geschäftswelt von San Francisco mit Boutiquen, Markenläden und edlen Kaufhäusern wie Sacs Fifth Avenue oder Neiman Marcus, dessen Rotunde mit elegantem Restaurant im Obergeschoss unbedingt einen Blick verdient. Ebenfalls sehenswert: die Lobby des Westin St. Francis Hotel an der Westseite des Platzes, die schon das Erdbeben von 1906 überstand.

## DURCH CHINATOWN ZUM TELEGRAPH HILL

Vom Nordende des Union Square sind es nur drei Straßen zur Ecke Bush St./Grant Ave., dem Eingang von **Chinatown 4**. Das einstige Ghetto der Chinesen ist noch heute die größte chinesische Enklave außerhalb Asiens. Rund 15 000 Menschen leben in den acht Straßenzüge beiderseits der **Grant Avenue,** der

Durchs Dragon Gate betritt man die Welt von Chinatown

Pier 39 der Fisherman's Wharf ist fest in der Hand von Touristen

Hauptstraße des Viertels. Hier sind die Straßenschilder zweisprachig, in den Fenstern der Restaurants hängen geröstete Enten, Souvenir- und Jadeshops bieten ihre Waren feil, überall herrscht Gedrängel. Architektonisch interessant sind das fotogene **Dragon Gate** am Eingang der Chinatown und die bunte Pagode der **Bank of Canton** (743 Washington St.). Es lohnt sich auch in den Seitenstraßen zu stöbern, am **Waverly Place** (Nr. 109 und 146) gibt es im Obergeschoss der Häuser buddhistische Tempel zu entdecken, an der Stockton Street reihen sich exotische Märkte.

Nördlich an Chinatown schließt sich das Viertel der Italiener, **North Beach** 5 an. Rund um die Columbus Ave. haben sich Einwanderer aus Europas Süden niedergelassen. In etlichen kleinen Bars und Restaurants bullern Pizzaöfen und zischen Espressomaschinen. An der Ecke zum Broadway drängeln sich ein paar letzte schummrige Striplokale, hier liegt seit den Tagen der Goldgräber der Amüsierbezirk San Franciscos, der damals als *Barbary Coast* bekannt war.

Von North Beach geht es durch malerische Wohnstraßen steil hinauf zum 90 m hohen **Telegraph Hill** 6, von dessen Terrasse sich der schönste Blick über die Stadt und die Bay bietet. Oben steht der **Coit Tower** ⭐, erbaut zu Ehren der Feuerwehrleute, die nach dem Beben von 1906 heroisch die Feuersbrunst bekämpften (www.sftravel. com/coit-tower; Aufzug mit Aussichtsplattform, tgl. 10 bis mindestens 17 Uhr).

## VOM TELEGRAPH HILL ZUR FISHERMAN'S WHARF

Ebenso steil wie hinauf führt die Tour wieder hinab zum **Washington Square** mit der großen weißen

St. Peter and Paul Church der italienischen Immigranten.

Eine noch steilere Alternative – typisch für San Francisco – sind die **Filbert Steps** auf der Ostseite des Telegraph Hill hinab zur Bucht und weiter am Embarcadero entlang.

So oder so geht es weiter nordwärts zum Ufer der San Francisco Bay zur **Fisherman's Wharf** **7**. Die beliebte Touristenmeile war einst der Fischereihafen der italienischen Einwanderer. Heute reihen sich hier Läden und Restaurants aneinander, Straßenkünstler führen Kunststücke vor, und tagtäglich schieben sich Menschenmengen an den alten Pieranlagen entlang. Mittelpunkte

## TOUR IN DOWNTOWN SAN FRANCISCO

### TOUR **8**

**DOWNTOWN-SPAZIERGANG**

**1** Hallidie Plaza
**2** Yerba Buena Gardens
**3** Union Square
**4** Chinatown

**5** North Beach
**6** Telegraph Hill
**7** Fisherman's Wharf
**8** Maritime National Historic Park
**9** Lombard Street
**10** Cable Car Barn

Kurvige Angelegenheit – die Lombard Street

des Trubels sind der restaurierte **Pier 39,** neben dem eine Kolonie von Seelöwen lautstark Rabatz macht, **The Cannery,** einst eine Konservenfabrik der Firma Del Monte, und **Ghirardelli Square,** eine ehemalige Schokoladenfabrik, die zu einem Einkaufs- und Kneipenzentrum umgestaltet wurde.

Wer sich für die Seefahrergeschichte an der Bay interessiert, sollte dem **Maritime National Historic Park 8**, einen Besuch abstatten (www.nps.gov/safr, Visitor

---

### 💬 CABLE CARS

An der Powell Street rumpeln die nostalgischen Cable Cars los, den Berg hinauf Richtung Nob Hill und Fisherman's Wharf. Gezogen werden sie von einem Stahlkabel, das in einer Ritze zwischen den Schienen verläuft. Zu Beginn des 19. Jhs. ächzten gut 500 Wagen über die Hügel der Stadt. Als die Stadt sie nach dem Zweiten Weltkrieg durch Autobusse ersetzen wollte, formierte sich eine Bürgerinitiative, die schließlich erreichte, dass die Straßenbahn 1964 auf drei Linien unter Denkmalschutz gestellt wurde. Im Jahr 2000 haben die Cable Cars sogar Familienzuwachs bekommen: Seither verkehren restaurierte alte Straßenbahnen aus aller Welt auf der sechs Meilen langen »F Line« von der Market Street entlang dem Ufer der Bucht bis zur Fisherman's Wharf.

Technikfans können im **Cable Car Barn & Powerhouse** die riesigen Antriebsräder bestaunen, die seit 1873 die Bahnen vorwärtsbewegen, und im **Museum** alles rund um die geliebte Trambahn erfahren (1201 Mason/Washington Sts., www.cablecarmuseum.org; tgl. April−Sept. 10−18, Okt.−März 10 bis 17 Uhr, Eintritt frei).

Center: 499 Jefferson St.; tgl. 9.30 bis 17 Uhr). Zu dem Seefahrtsmuseum gehören sechs historische Schiffe, die am **Hyde Street Pier** vor Anker liegen, darunter ein U-Boot aus dem Zweiten Weltkrieg. Schmuckstück ist die »Balclutha«, einer der letzten Kap-Hoorn-Segler.

Nebenan vom **Pier 41** legen die Schiffe ab zu Rundfahrten im **Golden Gate** 🔟, mit spektakulären Blicken auf die Skyline und unter der Golden Gate Bridge › S. 120 hindurch. Von **Pier 33** aus starten Touren zu der aus vielen Filmen bekannten Gefängnisinsel **Alcatraz,** wo in den 1930er-Jahren Al Capone inhaftiert war. *The Rock* war 1963 ein Hochsicherheitsgefängnis, heute ist die Insel als Museum zu besuchen (www.nps.gov/alca; mehrere Wochen vorab Tickets bestellen unter Tel. 415-981-7625, www.alca trazcruises.com).

## RÜCKFAHRT PER CABLE CAR

An der Hyde Street liegt die Wendestation der denkmalgeschützten Cable Cars, die von hier zurück zur Market Street fahren. Unterwegs ist mit der **Lombard Street** 9️⃣ noch die »krummste Straße der Welt« zu bestaunen: 40 Prozent Gefälle und sechs Haarnadelkurven zwischen Hyde und Leavenworth Street auf der Länge eines Straßenzugs. Von oben gibt's dazu einen Panoramablick auf die Stadt.

Ein Stück weiter liegt an den Gleisen die **Cable Car Barn** 🔟, in der man die riesigen, imposanten Antriebsräder für die kilometerlangen Kabel sehen kann › S. 116.

# TOUR 9
# SAN-FRANCISCO-SIGHTSEEING PER AUTO

**ROUTE:** Civic Center › Hayes Valley › Haight-Ashbury › Golden Gate Park › Golden Gate Bridge › Marina District

**KARTE:** Seite 115
**LÄNGE:** 1 Tag/21 km mit dem Auto
**PRAKTISCHE HINWEISE:**
- Ein Mietwagen ist das beste Transportmittel.
- Fahrräder für eine Tour durch den Golden Gate Park vermietet **San Francisco Bicycle Rentals** (1816 Haight St., Tel. 415-922-4537, www.goldengateparkbikerental.com).
- Ein Rad für die Tour über die Golden Gate Bridge kann man auch gut an der Fisherman's Wharf mieten, etwa bei **Blazing Saddles** (757 Beach St., Tel. 415-202-8888, www.blazingsaddles.com).

## TOUR-START: NACH HAIGHT-ASHBURY

Los geht's am **Civic Center** 1️⃣1️⃣, dem politischen Mittelpunkt der City. Blickfang ist die 92 m hohe Kuppel der **City Hall,** die dem Petersdom in Rom nachempfunden ist. Auf der Ostseite des neoklassizistisch gestalteten Platzes ist in die Räume der früheren Stadtbibliothek das **Asian Art Museum** eingezogen. Mit mehr als 15 000 erlesenen Stücken zählt es zu den weltweit führenden Museen für fernöstliche Kunst (www.asian art.org; Di–So 10–17, Do bis 21 Uhr, 15 $, mit Sonderausstellungen 25 $). Im Westen hinter dem Rathaus steht das **War Memorial Opera House,** in dem 1945 die Vereinten Nationen gegründet wurden (301 Van Ness Ave., www.sfwmpac.org).

Direkt hinter dem Rathaus beginnt **Hayes Valley** 12, das jüngste Trendviertel der Stadt mit witzigen Schuh- und Klamottenläden und netten Lokalen an der Hayes Street und einem kleinen Park mit Food-Ständen entlang der Octavia Street. Per Bürgerversammlung wurden

hier Kettenläden verboten – sogar Starbucks. Tipp zum Zwischenstopp: das französische Bistro **La Boulangerie,** auch gut zum Frühstück (500 Hayes St., www.labou langeriesf.com; €). Abends gibt es im **SF Jazz Center** gute Konzerte (201 Franklin St., www.sfjazz.org).

Über Fell St. und Masonic Avenue kommt man schnell weiter nach **Haight-Ashbury** 13. Dies war Ende der 1960er-Jahre das Mekka der Hippies und Blumenkinder. Hier lebten Rockgrößen wie Janis Joplin, die Grateful Dead oder Jefferson Airplane, hier gab es für alle kosten-

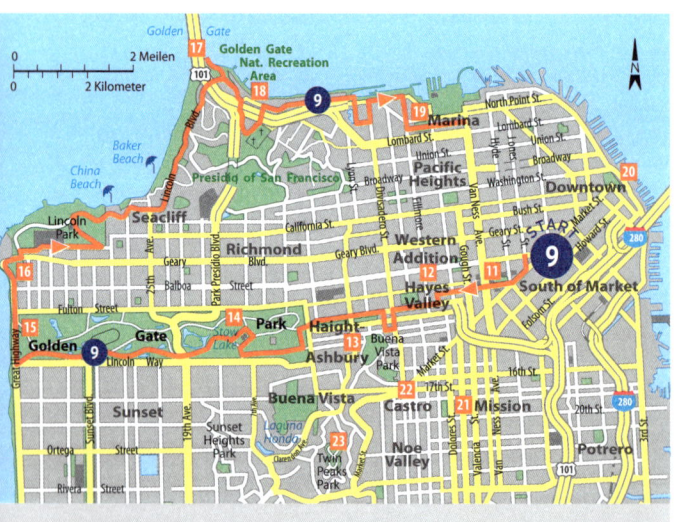

## TOUR IN SAN FRANCISCO

### TOUR ⑨

**SAN-FRANCISCO-SIGHTSEEING PER AUTO**

11 Civic Center
12 Hayes Valley

13 Haight-Ashbury
14 De Young Museum
15 Beach Chalet
16 Cliff House
17 Golden Gate Bridge
18 Crissy Field

19 Marina District
20 Ferry Building
21 Mission District
22 Castro District
23 Twin Peaks

Der Bau des Memorial de Young Art Museum ist ebenso sehenswert wie seine Sammlung

loses Essen, LSD, Marihuana und medizinische Versorgung. Heute lebt das Viertel von der Legende, nur die Kneipen und Nippesläden entlang der **Haight Street** erinnern noch an vergangene Zeiten.

## GOLDEN GATE PARK

Frederick St. und Lincoln Way führen weiter zum Südeingang des Golden Gate Park. Auch der 400 ha große Park spielte 1967 im »Summer of Love« eine zentrale Rolle: Man campierte hier, liebte sich und genoss die Open-Air-Konzerte. Große und kleine Festivals gibt es auch heute noch fast jedes Wochenende, und der Park ist mit seinen Wiesen, Wäldchen und Seen wie seit seiner Gründung 1887 das beliebteste Erholungsziel für die Bürger der Stadt. Fast 5 km lang zieht er sich als breiter Grünstreifen durch die Stadt bis zum Pazifik.

Im Ostteil des Parks liegen heute einige der besten Museen San Franciscos: Das **De Young Museum** 14, von den Schweizer Architekten Herzog & de Meuron neu gestaltet, zeigt neben alten Meistern auch eine sehr gute Sammlung amerikanischer Kunst (50 Hagiwara Tea Garden Dr., http://deyoung.famsf. org; Di–So 9.30–17.15 Uhr, 15 $, unter 18 J. Eintritt frei). Von der Aussichtsetage des 44 m hohen Turms bieten sich ungewöhnliche Ausblicke auf die gesamte Bay Area.

Japanische Gartenkunst ist nebenan im **Japanese Tea Garden** zu erleben, und die **California Academy of Sciences** zeigt in einem ökologisch vorbildlich gestalteten Bau Ausstellungen vom Regenwald bis zur Unterwasserwelt im Pazifik (www.calacademy.org; Mo–Sa 9.30 bis 17, So 11–17 Uhr).

Auf mäandernden Parkstraßen kann man bis zum Meer fahren. Zur Pause gibt es im historischen **Beach Chalet** 15 frisch gezapftes hauseigenes Bier und eine Terrasse mit

### GRATIS ENTDECKEN

- Kunst für lau gibt es in L.A.: Das **Getty Museum** › S. 68 machte einst den Anfang und verlangt bis heute keinen Eintritt. Nun tritt das spektakuläre neue **Broad Museum** › S. 60 dank solventer Sponsoren in die Fußstapfen.
- James Dean und Arnold Schwarzenegger drehten hier. Und auch »La La Land« wurde auf der Terrasse am **Griffith Observatory** › S. 70 gefilmt. Die markanten Kuppeln der Sternwarte waren schon in vielen Hollywoodproduktionen zu sehen. Der Blick über L.A. ist grandios und gratis.
- Den beste Blick über Santa Barbaranießt man vom Turm des **County Courthouse** › S. 108 aus. Eintritt ist nicht fällig. Zudem gibt es Gratisführungen (Mo–Fr um 10.30 Uhr).
- Anfang Oktober herrscht im Golden Gate Park › S. 119 beim **Hardly Strictly Bluegrass Festival** drei Tage lang Hippiezeit-Atmosphäre. Bands spielen kostenlos, junge Leute und Familien picknicken auf den Wiesen, Marihuana weht über Menge (www.hardlystrictlyblue grass.com).
- In diversen Museen San Franciscos ist der Eintritt unter 18 Jahren frei. So sollen Kids und Teenies die Bildenden Künste schätzen lernen, z. B. in den Fine Arts Museums **Legion of Honor** › rechts und **De Young** › S. 119.

Meerblick (1000 Great Hwy., Tel. 415-368-8439, www.beachchalet. com; €–€€). Im Juli und August sorgt hier das kalte Meerwasser allerdings oft für dichte Nebelbänke.

Bei klarer Sicht lohnt sich auch ein Stopp am schick renovierten **Cliff House** 16, einem bereits 1863 gegründeten Restaurant, von dem aus sich ein schöner Blick auf die vorgelagerten Seelöwenfelsen bietet (1090 Point Lobos Ave., Tel. 415-386-3330, www.cliffhouse.com; €€). Von hier führen Spazierwege an der Steilküste entlang mit eindrucksvollen Ausblicken aufs Golden Gate.

## ZUR GOLDEN GATE BRIDGE

Über Geary Blvd. und 34th Ave. kommt man in den **Lincoln Park** und zum Kunstmuseum **Legion of Honor,** das eine sehenswerte Sammlung europäischer Malerei des 14. bis 20. Jhs. zeigt sowie einige Werke von Rodin (http://legionofhonor. famsf.org; Di–So 9.30–17.15 Uhr, 15 $, unter 18 J. Eintritt frei).

Von dort bleibt man immer auf den Klippen bis in den Presidio Park, wo sich am Nordende die **Golden Gate Bridge** 17 ⭐ über die Meerenge spannt (Infos: www. goldengatebridge.org). Fünf Jahre wurde unter Leitung des Ingenieurs Joseph B. Strauss an dem stählernen Wunderwerk gebaut, ehe die Brücke 1937 eröffnet wurde. 2,7 km ist sie lang, die beiden Pylonen ragen 227 m hoch über die Meerenge des Golden Gate auf. Jährlich fahren 40 Mio. Autos über die sechs Fahrspuren – weit mehr, als die Konstrukteure seinerzeit planten.

Die Ferry Building Market Hall ist ein Ziel für Feinschmecker

Vom Aussichtspunkt am Südende der Brücke kann man über Lincoln Blvd. und Long Ave. hinab-
fahren bis **Fort Point** am Fuß des
ersten Pylons. › mehr S. 16 Punkt **23**

### ENTLANG DER BAY

Der Rückweg in die Stadt führt über
die Old Mason St. durch **Crissy
Field** **18**, ein altes Militärgelände,
das zum Strandpark und Naturschutzgebiet umgewidmet wurde.
Die ersten Häuser, die in Sicht kommen, gehören zum **Marina District** **19**. Das beliebte Wohnviertel
liegt an der Stelle, wo 1915 die *Panama-Pacific Exposition* stattfand,
mit der die Stadt den Wiederaufbau
nach dem Erdbeben feierte. Letztes
Überbleibsel der Weltausstellung ist
hier der prachtvolle **Palace of Fine
Arts** an der Baker Street. Zum ab-
schließenden Drink oder Dinner
kann man in der **Chestnut Street**
nette Lokale finden.

# WEITERE SEHENS-
# WÜRDIGKEITEN

### FERRY BUILDING **20**

Das schon vor dem Erdbeben von
1906 erbaute Fährgebäude am Ufer
der Bay ist heute eine Markthalle
mit Trendlokalen, kleinen Lebensmittelläden und einem sehr beliebten **Farmers Market** davor. Hier
wird Bioobst und -Gemüse, Frisch-
fisch u. v. a. m. feilgeboten. Food-
Stände servieren dazu Delikatessen
wie Räucherlachsbrötchen, jiddi-
sche *latkes* (Kartoffelpuffer) oder
koreanische Tacos (www.cuesa.org;
Di/Do 10–14, Sa 8–14 Uhr).

Der Glockenturm darüber wurde
1896 nach dem Vorbild der Giralda
in Sevilla gebaut. Allerdings wird
der Turm längst von den Pfeilern
der **(San Francisco–)Oakland Bay
Bridge** überragt, die die Stadt mit
der East Bay verbindet. Bei ihrer Er-

öffnung 1936 war sie mit 13 km die längste Brücke der Welt. Heute wird sie abends von der LED-Lichtskulptur Bay City Light beleuchtet.

Westlich des Ferry Building steht am Pier 15 das besonders mit Kindern spannende **Exploratorium** zu vielfältigen naturwissenschaftlichen Themen (www.exploratorium.edu; Di–So 10–17 Uhr, 30 $)

### MISSION DISTRICT 21

In das Viertel der Latinos verirren sich nur wenige Touristen, obwohl die bunten Wandgemälde und das quirlige Treiben um Mission und 24th Sts. durchaus einen Stopp wert sind. Die besten Tacos serviert **La Taqueria** (2889 Mission St.; €).

Beliebt in der Szene ist auch die **Valencia Street** mit zahlreichen Designläden, Lokalen und viel Straßenleben vor allem an Wochenenden. Seinen Namen verdankt das Viertel der 1776 gegründeten **Mission Dolores.** Die kleine, aus Adobeziegeln erbaute Missionskirche hat alle Erdbeben überstanden und birgt auch einen Museumsraum (3321 16th/Dolores Sts.).

### CASTRO DISTRICT 22

»The Castro« ist seit den 1960er-Jahren weltweit berühmt als Zentrum der Schwulenbewegung Amerikas. Nirgends sonst ist die schwule Szene so schrill, so selbstbewusst und politisch so aktiv wie in der Gay Community rund um die **Castro Street.** Diese wird von witzigen Läden, Boutiquen, Kneipen und Cafés gesäumt.

Panoramablick von Twin Peaks über den Financial District auf die San Francisco Bay

## TWIN PEAKS 23

Der 275 m hohe Doppelhügel westlich des Castro-Viertels ist der
höchste Aussichtspunkt San Franciscos und bietet, gerade wenn der
Sommernebel vom Pazifik über die
Stadt hereinzieht, ein dramatisches
Panorama.

### INFO

**San Francisco Visitor Information Center**
• 749 Howard St.
  (im Moscone Convention Center)
  Tel. 415-391-2000 | Tel. 415-283-0173
  (Tonbandansage mit Tipps auf Deutsch)
  www.sftravel.com/de
  Mo–Fr 9–17, Sa/So 9–15 Uhr,
  Nov.–April So geschl.

**California Welcome Center**
• Fisherman's Wharf | Pier 39
  Building B | Level 2 | Tel. 415-981-1280
  www.pier39.com/cwc | tgl. 9–19 Uhr

### VERKEHR

• **Flughafen: San Francisco International
  Airport,** 24 km südlich der Innenstadt
  am Ufer der Bay (www.flysfo.com/de).
  U-Bahn-Verbindung mit BART zur Market
  Street. Die Minibusse von Super Shuttle
  (Tel. 800-258-3826) steuern auch individuelle Adressen in der Stadt an.
• **Bahnhof/Busbahnhof: Transbay Transit
  Center** (Mission/Second St., für Zubrin-
  gerbusse von Amtrak zur Station in Oakland sowie für Fernbusse von Greyhound
  und zahlreicher Regionalbuslinien.
• **Stadtverkehr:** In allen Stadtvierteln verkehren Busse und Bahnen der **San Francisco Municipal Transportation Agency**
  (Info: Tel. 311 innerhalb der Stadt od. 415-
  701-2311, www.sfmta.com). Ein 24-Stun-
  den-Ticket kostet als PaperPassport 23 $,

3 Tage-Ticket 34 $ und 7-Tage-Ticket 45 $.
Zum Netz der SFMTA gehören auch die
Cable Cars (Einzelfahrt 7 $), die histori-
schen Straßenbahnen der F-Line an der
Market Street und die U-Bahnen des
BART-Systems (Bay Area Rapid Transit),
die auch nach Oakland, Berkeley und in
den Süden der Bay Area verkehren. Hilf-
reich ist die App MuniMobile, oder man
ruft vom Handy Tel. 511 an.
• **Bootstouren: Red & White Fleet** (Tel.
  415-673-2900, www.redandwhite.com)
  und **Blue & Gold Fleet** (Tel. 415-705-8200,
  www.blueandgoldfleet.com) bieten von
  der Fisherman's Wharf aus Bay-Rund-
  fahrten zur Golden Gate Bridge; Blue &
  Gold Fleet betreibt auch Fähren von Pier
  41 und vom Ferry Building nach Sausalito, Tiburon und anderen Orten an der
  Bay. Alcatraz Cruises › S. 117.
• **San Francisco CityPass:** Der Ermäßi-
  gungspass umfasst ein 3-Tage-Ticket für
  Cable Car und Muni Bus, Eintritt zu vier
  Attraktionen und eine Hafenrundfahrt.
  Verkauf im Visitor Center, bei den Attraktionen od. unter http://de.citypass.com/
  san-francisco (89 $ ab 12 J., 66 $ 5–11 J.).

### HOTELS

**Clift Royal Sonesta** €€€
Elegantes Stadthotel nahe dem Union
Square; Design von Philippe Starck. Mit
stilvoller Retrobar »Redwood Room«.
• 495 Geary St. | Tel. 415-775-4700
  www.sonesta.com

**Fairmont San Francisco** €€€
Historische Pracht in einem legendären
Grand Hotel auf dem Nob Hill. Tiki-Bar
»Tonga Room« in wunderbar kitschigem
Südseestil samt Lagune.
• 950 Mason St. | Tel. 415-772-5000
  www.fairmont.de/san-francisco

Im urigen Texmexlokal West of Pecos

**Carlton Hotel** €€–€€€
Flippig, bunt gestylt und nahe dem Szeneviertel um die Polk Street, mit originellem
Restaurant.
• 1075 Sutter St. | Tel. 415-673-0242,
  www.jdvhotels.com

**White Swan Inn** €€–€€€
Gemütlicher Inn im Stil eines englischen
B&B drei Straßen vom Union Square;
opulentes Frühstücksbuffet inkl.
• 845 Bush St. | Tel. 415-775-1755
  www.whiteswaninnsf.com

**Cornell Hotel de France** €€
Französisch angehauchtes Mittelklassehotel mit Restaurant; direkt an der Cable
Car Station.
• 715 Bush St. | Tel. 415-421-3154
  www.cornellhotel.com

**San Remo Hotel** €
Preiswerte, sehr einfache Pension nah zur
Fisherman's Wharf; Etagenbad.

• 2237 Mason St. | Tel. 415-776-8688
  www.sanremohotel.com

## RESTAURANTS

**Slanted Door** €€€
Kreative vietnamesische Küche bei Blick
über die Bay, am Fuß der Market St.
• Ferry Building | Tel. 415-861-8032

**Americano** €€–€€€
Italo-amerikanische Kost; Terrasse mit
Blick auf die Bay Bridge.
• 8 Mission St. | Tel. 415-278-3777

**McCormick & Kuleto's** €€–€€€
Serviert Steaks und Seafood in guter
Qualität nahe Fisherman's Wharf, prima
Bay-Blick inklusive.
• 900 North Point St. | Tel. 415-929-1730

**Elite Cafe** €€
Ein Klassiker mit New-Orleans-Küche:
Cajun-Fisch und sehr gute Cocktails.
• 2049 Fillmore St. | Tel. 415-346-8400

**Great Eastern Restaurant** €€
Sehr gute chinesische Küche in Chinatown.
Frisches Dim-Sum zum Lunch.
• 649 Jackson St. | Tel. 415-986-2500

**Green's** €€
Eines der ältesten vegan-vegetarischen
Restaurants der City. Für Liebhaber immer
noch großartig.
• 2 Marina Blvd.
  Fort Mason | Bldg. A
  Tel. 415-771-6222

**West of Pecos** €€
Restaurant und Cocktailbar mit Wildwest-
look im Mission District. Serviert wird
verfeinerte Texmexküche.
• 550 Valencia St. | Tel. 415-252 7000

**New Asia** €–€€
Großes Dim-Sum-Lokal. Man nimmt sich
einfach von den Wägelchen, die vorbei-
geschoben werden.
• 772 Pacific Ave. | Tel. 415-391-6666

**Caffe Trieste** €
Eine Institution in North Beach – der beste
Espresso der Stadt.
601 Vallejo St. | Tel. 415-982-2605

### NACHTLEBEN

• Einen Überblick über alle Konzerte und
  Veranstaltungen gibt das Stadtmagazin
  **SF Weekly** (www.sfweekly.com).
• North Beach um Columbus Avenue und
  Broadway ist das traditionelle Zentrum
  des Nachtlebens, und Musikkneipen wie
  **The Saloon** (1232 Grant Ave., www.sf-
  blues.net/Saloon.html), **Grant & Green
  Saloon** (1371 Grant Ave., www.grantand-
  greensaloon.com) oder der alte Beatnik-
  treff **Vesuvio** (255 Columbus Ave., www.
  vesuvio.com) sind immer noch gut.
• Beliebt sind in der City Cocktailbars wie
  **Pagan Idol** (375 Bush St., www.paganidol.
  com) oder **Pacific Cocktail Haven** (580
  Sutter St., www.pacificcocktailsf.com).

# AUSFLÜGE

## SAUSALITO ▌ E14

Das idyllische Örtchen jenseits der
Golden Gate Bridge, nur etwa 6 km
nördlich von San Francisco, hat sich
vom Fischerdorf zum beliebten
Ausflugsziel gewandelt. Berühmt
wurde es durch die Aussteiger, die
in den 1960er-Jahren dort eine bunte Hausbootsiedlung gründeten. Sie
besteht heute noch am Nordende
des Städtchens. Hauptstraße von
Sausalito ist der **Bridgeway** mit

Fischlokalen und Cafés, von denen
man einen schönen Blick auf die
Bay hat. Wer mit dem Mietfahrrad
über die Golden Gate Bridge
kommt, kann von hier mit der Fäh-
re zurückfahren.

## MUIR WOODS NATIONAL
## MONUMENT ▌ E14

Nur etwa 20 km nördlich von San
Francisco bietet sich bereits Gele-
genheit, die legendären Redwood-
Bäume zu erleben › S. 102. Lehrpfade führen hier durch den Hain der
über 1000 Jahre alten Bäume. Für
längere Touren per pedes oder
Mountainbike ist nahebei der
**Mount Tamalpais** ideal, wo man bis
zum Gipfel wandern kann: Fast
800 m über dem Meer öffnet sich
dort ein herrlicher Rundblick über
die San Francisco Bay – oft sogar
hoch über den Nebelfeldern.

## OAKLAND ▌ F15

Die Stadt östlich der Bay Bridge
› S. 121 hatte bei den versnobten San
Franciscans noch nie einen guten
Ruf. Traditionell wohnen in der In-
dustrie- und Hafenstadt Oakland
viele Schwarze und Hispanics. Hier
nahm auch in den 1960er-Jahren
die *Black-Panther*-Bewegung, der
militante Zweig der schwarzen Bürgerrechtsbewegung, ihren Anfang.
Sehenswert sind der **Jack London
Square** am Hafen – der berühmte
Schriftsteller wuchs in diesem Viertel auf – sowie das **Oakland Museum of California** mit Ausstellungen
zur kulturellen Entwicklung Kaliforniens (1000 Oak St., www.muse
umca.org; Mo/Di geschl., 15,95 $).

## BERKELEY 🚶 F14

Ein besseres Image hat die Nachbarstadt Berkeley. Die 1873 gegründete **University of California**, schön gelegen am Hang der Berge, hat nicht nur in der Wissenschaft einen großen Namen. Hier begannen die Studentenbewegungen der 1960er-Jahre, das *Free Speech Movement* und die Protestaktionen gegen den Vietnamkrieg. In neuerer Zeit gab es bei der Wahl von Donald Trump Studentenproteste. Der Campus der Universität kann besichtigt werden (Reservierung von Führungen unter http://visit.berkeley.edu).

Zentrum des studentischen Treibens ist die **Telegraph Avenue**.

## SILICON VALLEY 🚶 E15

Die legendäre Brutstätte der Computerindustrie liegt eine Fahrstunde südlich von San Francisco an der US 101, wo die renommierte **Stanford University** in Palo Alto die Heimat zahlreicher Nobelpreisträger und der zukünftigen Cracks der Branche ist (Führungen: http://visit.stanford.edu).

Vieles ist geheim, aber ein bisschen darf man als Besucher sehen: Auf dem Campus von Google, dem **Googleplex** (1600 Amphitheater P, Mountain View), sieht man junge Software-Cracks auf ihren bunten G-Bikes radeln und kann im Android-Park lustige Selfies machen. Direkt gegenüber steht das detailreiche **Computer History Museum**, in dem von den frühen Tagen bis zum neuesten autonomen Auto die Karriere der Rechner gezeigt wird (1401 N.Shoreline Blvd., Mountain

View, www.computerhistory.org). Nichts zu sehen gibt es leider bei **Facebook** in Menlo Park – an der passenden Adresse 1 Hacker Way. Doch der 2017 eröffnete **Apple Park** in den Hügeln von Cupertino besitzt ein Visitor Center (10600 N. Tantau Dr.). Mit Kindern lohnt sich ein Besuch im **Tech Museum** von San Jose (201 S. Market St., www.thetech.org).

Aber es gibt auch 1.0-Attraktionen: Am Nordrand von San Jose steht das skurrile **Winchester Mystery House**, eine Villa mit 160 Zimmern, 10 000 Fenstern und 2000 Türen. Sarah Winchester, die Erbin des berühmten Waffenimperiums, ließ sich das Haus um 1900 erbauen, das angeschlossene Museum zeigt die Waffensammlung der Winchesters (525 S. Winchester Blvd., www.winchestermysteryhouse.com).

Auch die Natur kommt nicht zu kurz: An der SR 236 hoch über dem Silicon Valley führen im **Big Basin Redwoods State Park** › S. 102 Wanderwege durch letzten größeren Redwood-Haine südlich von San Francisco.

## SONOMA VALLEY 🚶 E13

Der Hauptort **Sonoma** an der SR 12, ein beschauliches, hübsch herausgeputztes Städtchen, pflegt mit Stolz seine Tradition. Auf der zu spanischen Zeiten angelegten Plaza wurde am 14. Juni 1846 erstmals die Flagge der kalifornischen Republik gehisst. › mehr S. 18 Punkt ㊴ In den alten Gebäuden des **Sonoma State Historic Park** mit dem Toscano Hotel und der Missionsstation wird die Erinnerung an diese Gründungstage gepflegt.

Direkt um die Stadt liegen die ersten Weingüter: Die bereits 1857 gegründeten Betriebe **Buena Vista Winery** (18000 Old Winery Rd.) und **Bartholomew Park Winery** (1000 Vineyard Lane) gelten als die ältesten Kellereien Kaliforniens und bieten mit historischen Ausstellungen auch Hintergründe zur Weingeschichte des Tals.

Die SR 12 führt im Sonoma Valley nordwärts zum Örtchen **Glen Ellen,** das nicht nur für Wein › S. 30, sondern auch für Literatur bekannt ist: Hier lebte der Abenteuerschriftsteller Jack London. Dessen Ranch wird im **Jack London State Park** bewahrt, der mit Wanderwegen erschlossen ist (2400 London Ranch Road, www.jacklondonpark.com).

Wer nach den allfälligen Weinproben nicht mehr weiterfahren möchte oder kann, schläft gut und nahe der Plaza im **Best Western**

**Sonoma Valley Inn** (550 2nd St. W., Sonoma, Tel. 707-938-9200, www.sonomavalleyinn.com; €€). Infos u. a. zu den Wineries halten die Visitors Bureaus bereit.

### INFO

**Sonoma Valley Visitors Bureau**
• 453 First St. E. sowie
  23570 Arnold Dr. (Hwy. 121)
  Sonoma | Tel. 707-996-1090
  www.sonomavalley.com

## NAPA VALLEY ⭐ 11 ▮ F13

Auf knapp 20 000 ha Fläche reifen in dem rund 50 km langen Napa Valley die edelsten Tröpfchen des Landes. Die Hauptstraße des Tals ist der Hwy. 29, der westlich der Stadt **Napa** nach Norden bis **Calistoga** führt, einem alten Kurort mit heißen Quellen. Von dort kann man dann auf dem parallel zum Hwy. 29 verlaufenden Silverado Trail wieder nach Süden bis Napa und von dort über die I-80 zurück nach San Fran-

Das Weingut Castello di Amorosa im Napa Valley

cisco fahren. Entlang der Route liegen die meisten großen Kellereien, die oft gegen eine Gebühr (10–45 $) auch Verkostungen anbieten.

In den Gärten der Kellereien kann man vor oder nach der Weinprobe picknicken, in den kleinen Städtchen wie **Yountville** oder **St. Helena** warten Terrassenlokale mit ausgezeichneter Küche und gut sortierte Weinhandlungen. Die im Stil einer kalifornischen Mission gebaute Winery **Robert Mondavi** bietet gute Führungen (7801 St. Helena Hwy., Oakville). Sehenswert sind allein schon wegen der spektakulären Architektur Weingüter wie das vom Stararchitekten Michael Graves erbaute **Clos Pegase** (1060 Dunaweal Lane, Calistoga) oder das **Castello di Amorosa** mit mittelalterlicher Burg (4045 Helena Hwy., Calistoga).

Wer das Napa Valley noch aus anderen Perspektiven kennenlernen möchte, kann an einer Heißluftballonfahrt teilnehmen. Informationen u.a. dazu erhält man im Welcome Center.

## INFO

**Napa Valley Welcome Center**
• 600 Main St. | Napa | Tel. 707-251-5895
www.visitnapavalley.com

## HOTELS

**Napa Valley Lodge** €€€
Gepflegtes Firstclasshotel im Zentrum des Tales.
• 2230 Madison St. | Yountville
Tel. 707-944-2468
www.napavalleylodge.com

**El Bonita Motel** €€–€€€
Schönes Motel mit Pool und Garten.
• 195 Main St. | St. Helena
Tel. 707-963-3216 | www.elbonita.com

## RESTAURANTS

**French Laundry** €€€
California Cuisine in Perfektion. Unbedingt reservieren!
• 6640 Washington St. | Yountville
Tel. 707-944-2380

**All Seasons Bistro** €€
Legeres Bistro, ausgezeichnete Weine.
• 1400 Lincoln Ave. | Calistoga
Tel. 707-942-9111

---

### 🗪 WEINBAU IM NAPA UND SONOMA VALLEY

Bereits die spanischen Missionare pflanzten die ersten Reben in Kalifornien, um Messwein zu produzieren. Recht saure *Mission grapes* waren es damals. Erst um 1860 begann der Weinbau ernsthaft: Einwanderer aus Ungarn und Frankreich brachten europäische Rebsorten und entdeckten, dass Klima und Böden in den lang gestreckten Tälern nördlich der San Francisco Bay bestens für den Weinbau geeignet waren. Seit den 1970ern boomt der Anbau und hat fast alles andere Obst verdrängt. Kultiviert werden vor allem die Rebsorten Cabernet Sauvignon, Chardonnay, Zinfandel und Pinot Blanc. Mehr als 200 Weinbauern in den Tälern von Napa und Sonoma keltern mittlerweile Spitzenweine, die auch im europäischen Vergleich mühelos mithalten können.

# NORD-
# KALIFORNIEN

Den Lake Tahoe teilen sich
Kalifornien und Nevada

*Der Norden Kaliforniens ist anders als der Süden, stiller, grüner, wilder. Es gibt keine Metropolen mehr, nur kleine Städte, alpine Wiesen in der Sierra Nevada, zerklüftete Felsküsten und urweltliche Redwood-Wälder.*

Von San Francisco über die lieblichen Weintäler von Napa und Sonoma hinaus weiter gen Norden wird es kühler an der Küste. Oft, besonders im Sommer, ziehen Nebelschwaden vom Meer her und lassen die jahrtausendealten Redwood-Wälder noch mystischer aussehen. Es ist eine dramatische Küste mit felsigen Kaps, einsamen Stränden, idyllischen Fischerdörfern und tiefen Wäldern, die zu den weltweit eindrucksvollsten zählen. Denn die Küstenregion ist das Reich der oft über 100 m hohen Redwoods, für die das hiesige Klima ideal ist.

Der Nebel lichtet sich schnell, wenn man ins Landesinnere fährt. Vorüber an buchtenreichen Seen wie dem Whiskeytown Lake und

Der buchtenreiche Whiskeytown Lake

nostalgischen Goldgräberstädtchen wie Weaverville mit oft recht alternativ denkenden Menschen. Dort wird es, wie auch im Central Valley, richtig heiß im Sommer, 40 °C sind nicht selten, und die großen Seen eignen sich dann wunderbar zum Baden oder für Hausbootferien. Im Winter dagegen zieht es Skifahrer in die Sierra Nevada, die um den Lake Tahoe beste, schneereiche Reviere finden. Attraktiver zum Sightseeing ist in den Bergen der Sierra das Sommerhalbjahr, wenn die alten Goldgräberstädtchen am Hwy. 49 ihre Festivals feiern, und der Herbst, wenn die Wildwestfassaden von bunten Blättern umrahmt werden.

Im Sommer locken in den Bergen herausfordernde Mountainbiketrails und hochalpine Panoramen. Der Norden Kaliforniens ist eine Region für den aktiven Urlaub. Im Mount Lassen Volcanic National Park, einem noch recht unbekannten Naturpark, blubbern Schwefellöcher und führen Wanderwege zu herrlichen Seen in der Bergwildnis. Und ganz im Norden schimmern schon aus der Ferne die Gletscher des Mount Shasta, ein mystisch-ikonischer Gipfel, der für New-Age-Jünger als Tor in andere Welten gilt. Auch hier bleibt Kalifornien sich selber treu: immer ein bisschen verrückt, kreativ und anders.

# TOUREN IN DER REGION

## INS GOLDLAND DER SIERRA NEVADA

**ROUTE:** San Francisco › Sacramento › Nevada City › Lake Tahoe › Columbia › San Francisco

**KARTE:** Seite 132
**LÄNGE:** 2 Tage/860 km
**PRAKTISCHE HINWEISE:**

- Mietwagen (SUV) oder ein Wohnmobil sind am besten für eine individuelle Tour.
- Das Frühjahr kommt spät in der Sierra Nevada, die Pässe sind oft bis in den Mai hinein gesperrt.
- In Wanderführern und auf Webseiten wie www.hikespeak.com finden Sie Beschreibungen von Hikingrouten in der Sierra Nevada.
- Wochenends sind die Unterkünfte am Lake Tahoe oft überfüllt, planen Sie besser Werktage ein.

## TOUR-START:

Über der Oakland Bay Bridge führt die Interstate 80 von **San Francisco** › S. 110 aus zur Ostseite der Bucht. Von **Oakland** › S. 125 folgt man der I-80 weiter nach Nordosten ins Central Valley nach **Sacramento 1** › S. 136, der Hauptstadt Kaliforniens mit ihrem prächtigen Capitol. Von hier geht es auf der US 50

hinauf in die Sierra Nevada, wo sich an der Westflanke der Berge das legendäre **Gold Country** ausbreitet, der Schauplatz des Goldrauschs von 1849. Einige Goldgräberorte haben den Sprung in die Neuzeit geschafft, die Wildwestfassaden, Saloons und Hotels sind heute hübsch restauriert wie in **Placerville** J12, **Coloma 2** › S. 137, **Grass Valley** und **Nevada City 3** › S. 137. Diese Pionierorte liegen aufgereiht am Hwy. 49, der sich als beschauliche Landstraße am Fuß der Berge entlangschlängelt.

Wieder auf der I-80 klettert die Autobahn weiter hinauf in die Berge zum Juwel der Sierra Nevada, dem **Lake Tahoe 4** › S. 137, an dessen Westufer die Tour weiterläuft. Vom Südende des lang gestreckten Sees aus folgt die Route dann über US 50 und SR 89 dem Grat der Sierra Nevada zum Wildweststädtchen **Markleeville** M12, wo der Hwy. 4 abbiegt und über den 2660 m hohen Ebbetts Pass zurück nach Westen führt. Sehenswert: die Mammutbäume des **Calaveras Big Trees State Park** › S. 103. Über **Murphys 5** › S. 138 fährt man zurück ins Gold Country und Richtung Hwy. 49, den auch hier alte Goldgräberorte säumen. **Columbia** K14 wurde gleich als ganze Stadt unter Denkmalschutz gestellt. **Jamestown** K14 bezaubert mit einer stimmungsvollen Main Street und nostalgischen Dampfeisenbahnen im **Railtown Park** (10501 Reservoir Rd., www.railtown1897.org).

## TOUREN IN NORDKALIFORNIEN

### TOUR 10

**INS GOLDLAND DER SIERRA NEVADA**

San Francisco › Sacramento › Nevada City › Lake Tahoe › Columbia › San Francisco

### TOUR 11

**AM PAZIFIK NACH NORDEN**

San Francisco › Point Reyes › Eureka › Redwood National Park › Crescent City

### TOUR 12

**WESTERNSTÄDTE UND VULKANE**

Eureka › Weaverville › Mount Shasta › Lassen Volcanic National Park › San Francisco

Über die SR 108/120 und I-580 erreicht man in einem halben Tag schließlich über die Oakland Bay Bridge wieder **San Francisco.**

# AM PAZIFIK NACH NORDEN

**ROUTE:** San Francisco › Point Reyes › Eureka › Redwood National Park › Crescent City

**KARTE:** Seite 132
**LÄNGE:** 4–5 Tage/710 km
**PRAKTISCHE HINWEISE:**
- Die Route ist als individuelle Mietwagentour angelegt.
- Die Tour lässt sich gut mit Tour 11 zur Rundreise oder mit einer Weiterfahrt nach Oregon verbinden.
- Von Mitte Juli bis Anfang Sept. herrscht oft dichter Nebel an der Küste, Sept. und Okt. sind klar.
- Infos zur Region findet man unter www.northcoastca.com.

**TOUR-START:**

Von **San Francisco** › S. 110 überquert die Route zunächst die Golden Gate Bridge und zweigt dann auf dem Hwy. 1 zum Pazifik hin ab. Nach wenigen Kilometern bieten **Muir Beach** ▮ E14 und **Stinson Beach** ▮ E14 einen Vorgeschmack auf Nordkaliforniens Küste: breite Sandstrände, kräftige Brandung, Felsen ringsum – und oft sehr wenige Menschen. Wenn es nicht allzu neblig ist, lohnt sich ein halbtägiger Abstecher zu den unberührten Stränden der **Point Reyes National Seashore** **6** › S. 138, ehe man nach **Bodega Bay** **7** › S. 139 weiterfährt

Kurz darauf beginnt am Hwy. 1 der 15 km lange zerklüftete Küstenstreifen des **Sonoma Coast State Beach,** mit Buchten, Stränden und bizarren Felsen. Besonders schön: der **Goat Rock Beach** ▮ D13, wo die Brandung einen Tunnel in die gut 200 m hohen Felsen vor der Küste gebrochen hat. Der nächste Ort ist **Jenner** ▮ D12 an der Mündung des Russian River. Warum der Fluss so heißt, wird 20 km weiter deutlich: **Fort Ross** **8** › S. 139 ist tatsächlich eine alte russische Siedlung. Von hier schlängelt sich der Hwy. 1 weiter nordwärts: immer neue Buchten, immer neue Felskaps, an die die Brecher donnern. Mit etwas Glück kann man im Frühjahr und Spätherbst vor der Küste Grau- und Buckelwale sehen. Man passiert hübsche Orte wie das alte Holzfällernest **Gualala** ▮ C11. Eine halbe Fahrstunde nördlich steht das **Point Arena Lighthouse** ▮ B11 von 1908, mit 35 m das höchste der Westcoast, das heute ein Museum und Hotel ist (Tel. 707-882-2809, www.point arenalighthouse.com; €€€). Nächster Stopp ist **Mendocino** **9** › S. 140, reizvoll an der Steilküste gelegen.

Weiter in Richtung Norden: Etwa 70 km nördlich von **Fort Bragg** **10** › S. 141 verlässt der Hwy. 1 die Küste und geht über in den Hwy. 101. Nun beginnt die Fahrt durch die Redwood-Wälder, eine der eindrucksvollsten Regionen des Staates. Bald schon, im Tal des Eel River, säumen – mal mit, mal ohne Nebel – die ersten Baumriesen den Highway. Kurz nach Piercy durchfährt man den **Richardson Grove State Park** (Tel. 707-247-3318, www.parks.ca.gov), wo mehrere Wanderwege den uralten Hain mit Redwoods führen. Über das alte Hippiestädtchen **Garberville 11** › S. 141 geht es dann auf der **Avenue of the Giants** durch die Redwood-Wälder weiter nach Norden. Von **Rio Dell** 🔖 B6 aus lohnt sich ein Abstecher ins Binnenland zum hübschen viktorianischen Ort **Ferndale 13** › S. 142.

Zurück ans Meer kommt man dann wieder nahe der größten Stadt der Nordküste, dem alten Hafenort **Eureka 14** › S. 143. Gut 130 km sind es noch auf dem Hwy. 101 bis zum Ziel der Tour, **Crescent City** 🔖 B1, dem nördlichsten Ort an Kaliforniens Küste. Doch man kann für die Fahrt gut einen ganzen Tag einplanen, für Wanderungen im wellenumtosten **Patrick's Point State Park** 🔖 B2 bei Trinidad und im **Redwood National Park 15** › S. 144.

# WESTERNSTÄDTE & VULKANE

**ROUTE:** Eureka › Weaverville › Mount Shasta › Lassen Volcanic National Park › San Francisco

**KARTE:** Seite 132
**LÄNGE:** 3–4 Tage/910 km
**PRAKTISCHE HINWEISE:**
- Ein Mietwagen ist das beste Transportmittel. Fernbusse verbinden die Hauptorte an der I-5 von San Francisco nach Norden – aber ohne Sightseeingstopps.
- Erst ab Juni macht eine Fahrt in den Lassen-Park und auf den Mt. Shasta Sinn, zuvor liegt noch zu viel Schnee auf den Trails.
- Infos zur Region inkl. interaktiver Karte: www.shastacascade.com.

**TOUR-START:**

Von **Eureka 14** › S. 143 startet die Route auf dem Hwy. 299 nach Osten in die Klamath Mountains. Die Straße ist bergig und kurvig, immer wieder passiert man winzige Ansiedlungen, die meist Ende des 19. Jhs. zur Blütezeit der Holzfällerei entstanden sind. Auf der SR 96 kann man einen kurzen Abstecher nach **Hoopa** 🔖 C4 unternehmen, dem modernen Hauptort der Hoopa Valley Indian Reservation, wo im **Hoopa Tribal Museum** v. a. Flechtarbeiten zu sehen sind.

Auch der nächste, mit rund 3500 Einwohnern etwas größere Ort, **Weaverville 16** › S. 144, ist ein verschlafenes Goldgräber- und Holzfällernest mit eigenem Charme, das einen Bummel unbedingt verdient.

Die Weiterfahrt nach Osten ins Central Valley führt durch die **Whiskeytown National Recreation Area** 🔖 F5, ein großes Erholungsgebiet rund um den gleichna-

Der sagenumwobene Vulkankegel des Mount Shasta

migen Stausee mit Campingplätzen und guten Wassersportmöglichkeiten Informationen und Karten erhält man im Visitor Center an der SR 699 kurz vor **Shasta** ▮ F5, wo das kleine Freilichtmuseum **Shasta State Historic Park** an die wilden Goldgräbertage erinnert (Tel. 530-243-8194, www.parks.ca.gov).

Von **Redding** 17  › S. 145 aus geht es dann auf der I-5 nordwärts durch grünes Hügelland und vorbei an weiteren Stauseen bis nach **Mount Shasta** 18 › S. 145 am Fuß des namengebenden Vulkangipfels, dessen gletscherweiße Spitze weit ins Land schaut. Über die SR 89 etwas weiter östlich in den Bergen wendet sich die Tour dann zurück nach Süden und zum **Lassen Volcanic National Park** 19 › S. 145, dessen Lavafelder und kahle Aschekegel einen kräftigen Kontrast zu den grünen Bergen ringsum setzen. Von hier sind es über SR 36, I-5 und I-80 nur etwa vier Stunden Fahrt nach **San Francisco** › S. 110.

**VERKEHRSMITTEL**

Mietwagen oder Wohnmobil (gute Campingplätze!) sind in Nordkalifornien unerlässlich. Die wenigen Fernbuslinien auf Autobahnen und eine Bahnlinie nach Oregon eignen sich nicht für Sightseeingtouren.

Nur wenige Straßen durchziehen die Region: Hwy. 1 folgt kurvig der Küste, Hwy. 101 etwas geradliniger parallel dazu und die Interstate 5 verläuft im Central Valley von Süd nach Nord. Querverbindungen gibt es wenige: So führt der Weg von der Küste ins Landesinnere meist von Eureka über die schmale SR 299 über Whiskeytown ins Central Valley. Die wichtigste Straße entlang der Flanke der Sierra Nevada ist der Hwy. 49. Über die Berge selbst führen ganzjährig nur die I-80 und die US 50, alle anderen Straßen sind von Wintersperren betroffen (aktuelle Infos unter www.dot.ca.gov).

# UNTERWEGS IN DER REGION

## SACRAMENTO 1 📕 H12

Kaliforniens Hauptstadt (2,3 Mio. Einw.) ist ein politisches Schwergewicht, aber auch ein wichtiges Zentrum der Lebensmittelindustrie. Begonnen hatte hier alles, als sich um das Jahr 1840 der Schweizer Johann August Sutter niederließ und »Neu-Helvetien« gründen wollte. Seine 20 000 ha große Hacienda florierte, bis einer seiner Vorarbeiter in den nahen Bergen Gold entdeckte: Binnen weniger Monate wimmelte es von Goldsuchern.

1854 wurde Sacramento zur Hauptstadt erklärt, und man leistete sich ein prunkvolles Capitol, dessen vergoldete Kuppel noch heute der Blickfang der Innenstadt ist. Gleich bei der Einfahrt in die Stadt liegt linker Hand am Ufer des Sacramento River **Old Sacramento,** das Herz der Stadt während der Goldrauschzeit. Die Backsteinbauten um die Front Street bergen heute Restaurants, Läden und Saloons. Am Ufer ankern alte Schiffe wie der Schaufelraddampfer **Delta King,** heute ein Hotel-Restaurant-Schiff (www.delta king.com). Interessante Museen zur Mobilität sind das **California State Railroad Museum** mit über 20 historischen Loks und Waggons (125 I St.) sowie das **California Automobile Museum** mit Exponaten zu über 100 Jahren Autohistorie (2200 Front St.). Infos zu diesen und weiteren Attraktionen in Old-Sacramento findet man unter www.old sacramento.com.

Östlich der Innenstadt können Sie im restaurierten **Sutter's Fort** (2701 L St.) noch einen Blick in die Pioniertage vor dem Goldrausch werfen und im dem State Historic

Der nostalgische Raddampfer Delta King am Sacramento-Ufer ist ein Hotel-Restaurant

Park angeschlossenen **State Indian Museum** (2618 K St.) die Handwerkskunst der Native Americans bewundern (beide tgl. 10–17 Uhr).

### INFO

**Old Sacramento Visitor Center**
• 1002 Second St. | Tel. 916-808-7604
  www.visitsacramento.com

### HOTELS

**Best Western Sutter House** €€–€€€
Luxuriöses Motel im Herzen der Innenstadt.
• 1100 H St. | Tel. 916-441-1314
  www. thesutterhouse.com

**Vagabond Inn Old Town** €–€€
Einfaches Kettenmotel, etwas laut, aber in Laufweite zur Altstadt.
• 909 3rd St. | Tel. 916-446-1481
  www.vagabondinn.com

### RESTAURANTS

**Rio City Cafe** €€
In der Altstadt mit Terrasse am Fluss; leckere Snacks.
• 1110 Front St. | Tel. 916-442-8226

**Tower Café** €€
Ein Klassiker im alten Gebäude von Tower Records. Die Speisekarte reicht von Burgern bis zu malaysischem Hühnchen.
> mehr S. 14 Punkt **17**
• 1518 Broadway | Tel. 916-441-0222

## COLOMA  **2**  📖 J12

Hier entdeckte einst James Marshall das erste Gold der Sierra Nevada. Im **Marshall Gold Discovery State Historic Park** am Ufer des American River erinnern ein Museum sowie die nachgebaute Sägemühle Marshalls an den historischen Fund am 24. Januar 1848 – auch in Form von Living-History-Programmen (Hwy. 49, Coloma, Tel. 530-622-3470, www.parks.ca.gov; Park tgl. 8 bis 17, Museum 9–16 Uhr).

## GRASS VALLEY/ NEVADA CITY  **3**  📖 J10

Das Gebiet im Norden des Hwy. 49 wurde Mitte des 19. Jhs. zu einer der reichsten Minenregionen des Staates. In beiden Städtchen lohnt sich ein Bummel vorüber an viktorianischen Villen und historischen Backsteinfassaden. An die Bergbauzeiten erinnern mehrere alte Minen, von denen die **Empire Mine** (10791 E. Empire St.; tgl. 10–16 Uhr) und der **Malakoff Diggins State Parks** (23579 N. Bloomfield Rd.; tgl. Sonnenauf- bis -untergang, Museum 10–17 Uhr). zu besichtigen sind.

Grass Valley war übrigens auch 1853 kurzzeitig Wohnsitz von Lola Montez, der Geliebten des bayerischen Königs Ludwig I. Das detailgenau rekonstruierte **Lola Montez Home** steht heute unter Denkmalschutz (248 Mill St., Grass Valley).

## LAKE TAHOE  **4**  📖 L10

Der 35 km lange See ist der größte Bergsee Amerikas und berühmt für sein klares Wasser. In einem Seitental am Nordufer liegt an der SR 89 **Squaw Valley,** der Austragungsort der VIII. Olympischen Winterspiele von 1960. Heute ziehen noch zehn weitere Skigebiete in den Bergen rings um den See Wintersportler an. > mehr S. 12 Punkt ❺ Im Sommer locken mehrere große State Parks zum Wandern und Mountainbiken. Besonders schön ist die **Emerald Bay,** eine in Wald und Felsen eingebettete tiefblaue Bucht am Westufer.

Der Hauptort am See ist **South Lake Tahoe,** ein quicklebendiger Ferienort mit vielen Wassersportangeboten und regem Nachtleben – direkt nebenan beginnt nämlich der Spielerstaat Nevada, und die ersten Casinos stehen unmittelbar an der Staatsgrenze.

### INFO
**Lake Tahoe Visitor Center California**
• 4114 Lake Tahoe Blvd.
  South Lake Tahoe | Tel. 530-542-4637
  www.visitinglaketahoe.com

### HOTEL
**Hotel Azure Tahoe** €€−€€€
Schickes kleines Boutiquehotel mit Pool; Zimmer mit Seeblick.
• 3300 Lake Tahoe Blvd.
  South Lake Tahoe 7 | Tel. 530-542-0330
  www.hotelazuretahoe.com

### RESTAURANTS
**The Beacon** €€
Gute Steaks auf einer großen Terrasse am Seeufer.
• 1900 Jamison Beach Rd.
  South Lake Tahoe | Tel. 530-541-0630

**Cantina Grill** €
Mexikanisches Lokal mit viel Trubel und Tequila.
• 765 Emeralda Bay Rd. S.
  South Lake Tahoe | Tel. 530-544-1233

# MURPHYS ❺ 🔖 K14

Murphs ist ein Goldgräberstädtchen, wie es sich gehört: mit Main Street, schiefen Fassaden, altem Saloon und viel Nostalgie (www.visitmurphys.com).

Im direkten Umland kann man in den **Ironstone Vineyards** Wein aus der Sierra Nevada verkosten (1894 Six Mile Rd., www.ironstonevineyards.com) oder Tropfsteinhöhlen wie die **Mercer Caverns** erkunden (www.mercercaverns.com). In den **Moaning Caverns** gibt es sogar einen Adventure Park mit Ziplines, Kletterturm und Abseilen in die Höhle (www.caverntours.com).

### RESTAURANT
**Murphys Hotel** €€
Gutes Restaurant und uriger Saloon in einem Hotel von 1856.
• 457 Main St. | Tel. 209-728-1590
  www.murphyshotel.com

# POINT REYES NATIONAL SEASHORE ❻ ⭐ 🔖 D14

In dem 260 km² großen Schutzgebiet der weit in den Pazifik hinausragenden Halbinsel sind entlang der Steilküsten und Strände zahlreiche Wanderwege angelegt. Kolonien von Seelöwen und Seeelefanten bevölkern die abgelegenen Küsten mit ihrer artenreichen Fauna und Flora. 1579 landete hier der britische Freibeuter Sir Francis Drake als erster Weißer an der Nordküste Kaliforniens. Er wird sich wie zu Hause gefühlt haben in dieser schottisch anmutenden, sattgrünen Landschaft. Interessant ist auch der Untergrund: die Halbinsel wird vom San-Andreas-Graben, der berühmtesten Erdbebenspalte Kaliforniens, vom Festland getrennt und liegt bereits auf der Pazifischen Kontinentalscholle, wie der »Earthquake Trail« beim **Bear Valley Visitor Center** westlich von Olema erläutert (Tel. 415-464-5100, www.nps.gov/pore).

## BODEGA BAY  7  📖 D13

Das Fischerstädtchen an der geschützten Bucht ist an Wochenenden ein beliebtes Ziel für Kurzausflügler aus San Francisco. Wochentags ist es hier immer noch sehr verschlafen und idyllisch.

Filmliebhaber können bei der Anfahrt einen Stopp im rund 8 km im Inland gelegenen Örtchen **Bodega** einlegen. Hier drehte Alfred Hitchcock 1962 den Psychothriller »Die Vögel«. Original erhalten ist

noch das Schulhaus auf einem Hügel neben der Kirche. Über weitere Drehorte in Bodega Bay informiert das **Sonoma Coast Visitors Center (**913 Hwy. 1, Tel. 707-377-4459, www.bodegabay.com).

### HOTEL
**Bodega Bay Lodge** €€€
Kleine, aber feine Anlage; fast alle Zimmer mit Blick über die Bucht.
• 103 Coast Hwy. | Tel. 707-875-3525
 www.bodegabaylodge.com

### RESTAURANT
**Lucas Wharf** €€
Muscheln, Fisch und Krabben in einer Pfahlbauhütte direkt über dem Hafen.
• 595 Hwy. 1 | Tel. 707-875-3522

## FORT ROSS  8  📖 D12

Der State Historic Park birgt ein originalgetreu rekonstruiertes Palisadenfort, das 1812 von den Russen angelegt worden war (19005 Hwy. 1,

Wer Natur und Ruhe sucht, wird am Point Reyes National Seashore fündig

Jenner, Tel. 707-847-3286, www. parks.ca.gov/fortross). Die Siedler kamen aus Alaska, das damals unter Gouverneur Alexander Baranov russisches Territorium war. Rund 30 Jahre lang unterhielten die Pelzhändler des Zaren hier eine Kolonie, jagten die Seeotter vor der Küste, bauten Weizen und Obst für ihre Siedlungen in Alaska an. Erst um 1840, als die Seeotter fast ausgerottet waren, gaben die Russen ihren kalifornischen Stützpunkt auf – und Kalifornien wurde wenig später US-amerikanisches Territorium.

## HOTEL

**Timber Cove Resort** €€–€€€
Stylisches Hotel und Restaurant in spektakulärer Lage an der Küste.
• 21780 Hwy. 1 | Jenner | Tel. 707-847-3231
www.timbercoveresort.com

# MENDOCINO 9   B10

Die Künstlerenklave war einst ein Holzfällerdorf. Doch in den 1930er-Jahren ging es mit der Holzindustrie rapide bergab, und Mendocino verschwand schier von der Landkarte. Erst 20 Jahre später entdeckten Maler, Bildhauer und Literaten aus San Francisco den Charme dieses viktorianischen Städtchens und zogen hierher in die Einsamkeit. Heute ist der Ort ein Zentrum für Kunst und Kunsthandwerk (Info: Tel. 707-964-9010, www.visitmendocino.com).

Besonders sehenswert sind die herrlich renovierten viktorianischen Häuser, so etwa das **Mendocino Hotel** oder das **Kelley House** aus dem Jahre 1861, in dem heute ein historisches Museum untergebracht ist (45007 Albion St., www.kelley

Das charmante, auch in Englisch und Deutsch besungene Städtchen Mendocino

housemuseum.org). Zu sehen sind alte Fotografien, Zeichnungen und Pläne viktorianischer Häuser, darunter auch vom **Ford House** (45035 Main St.), das von 1854 stammt und als ältestes Haus der Stadt gilt. Heute beherbergt es das Besucherzentrum des **Mendocino Headlands State Park**, ein Naturschutzgebiet in den Klippen am Südende der Stadt (www.mendoparks.org).

Mittelpunkt der Kunstszene ist das **Mendocino Art Center**, in dem Ausstellungen von Künstlern aus der Region und Theateraufführungen präsentiert werden (45200 Little Lake St., www.mendocinoartcenter.org; tgl. 10–17 Uhr).

**Stanford Inn** €€€
Elegantes kleines Ferienresort mit viel Öko-Sinn. Gemütliche holzgetäfelte Zimmer. Restaurant mit rein veganer Küche!
• Hwy. 1 | Tel. 707-937-5615
  www.stanfordinn.com

**Mendocino Hotel** €−€€
Ideale Lage im Ort, viel Patina und Flair in einem Haus von 1878.
• 45080 Main St. | Tel. 707-937-0511
  www.mendocinohotel.com

**Trillium Café** €€−€€€
Feinste California Cuisine, serviert in einem gemütlichen alten B & B-Holzhaus.
• 10390 Kasten St. | Tel. 707-937-3200

**Goodlife** €€
Biobäckerei sowie nettes Frühstücks- und Lunchlokal.
• 10483 Lansing St. | Tel. 707-937-0836

# FORT BRAGG 10 ▮ B9

Die 40 000-Einwohner-Stadt lebt hauptsächlich von der Holzindustrie. Sehenswert ist der große alte Hafen in einer natürlichen Bucht am südlichen Ortseingang.

Bahnfans können von hier mit dem **Skunk Train,** einer historischen Holzfällerbahn, ein- bis vierstündige Fahrten in die Redwood-Wälder unternehmen (Tel. 707-964-6371, www.skunktrain.com).

# GARBERVILLE 11 ▮ C7

Besonders in Hippiekreisen hat sich der Ort tief in den Redwood-Wäldern einen Namen gemacht. In den abgelegenen Hügeln rings um diesen Holzfällerort wird nämlich seit den 1960er-Jahren in großem Stil Marihuana angebaut, dem Kenner eine erstklassige Qualität bescheinigen. Trotz gelegentlicher Razzien der Polizei bringt diese Art der Landwirtschaft hier mittlerweile mehr Profit als die Holzfällerei – und die neue Legalisierung von *pot* wird den Bauern sicher helfen.

Relikte aus der Flower-Power-Zeit sind einige Hippiekneipen sowie die locker-lässige Atmosphäre des Örtchens (Info: Tel. 707-923-2613, www.garberville.org).

# HUMBOLDT REDWOOD STATE PARK 12 ▮ B6

Nördlich von Garberville verläuft die **Avenue of the Giants** gut 30 Meilen weit parallel zu dem als

Gestürzte Riesen in Giant Founders Grove an der Avenue of the Giants

Autobahn ausgebauten Highway 101. Die »Straße der Giganten« folgt dem Eel River mitten durch einen Wald riesiger Urbäume (Infos: www.avenueofthegiants.net). › mehr S. 17 Punkt ⑬ Kurze Lehrpfade und Wanderwege erschließen die Natur im gut 20 000 ha großen **Humboldt Redwood State Park** westlich von **Weott** (Tel. 707-946-2409, 17119 Avenue of the Giants, Weott, www. humboldtredwoods.org). Entlang der Straße liegen mehrere Restaurants und Lodges und auch Skurrilitäten, wie etwa ein Baumhaus in einem Redwood-Stamm.

Wer im Humboldt und Mendocino County noch mehr Zeit verbringen möchte, kann bei Weott von der Avenue of the Giants in Richtung Küste abbiegen und auf Entdeckungstour entlang der **Lost Coast,** der »Verlorenen Küste«, gehen. Man fährt durch eine bis heute kaum erschlossene Küstenlandschaft mit kleinen Buchten und herrlicher Natur, vorbei an verträumten Örtchen wie **Honeydew** oder **Petrolia.**

## FERNDALE ⑬ 📍 B5

Das viktorianische Vorzeigestädtchen wurde einst durch die Milchwirtschaft reich. Gegründet wurde es 1852, und noch heute sind die meisten der verschnörkelten, bestens gepflegten Lebkuchenhäuser originalgetreu erhalten. Ein typisches Beispiel dafür ist das **Ferndale Museum,** dessen Einrichtung ebenso antiquarisch ist wie seine Außenfassade (515 Shaw St., www.ferndale-museum.org).

## HOTEL

**Gingerbread Mansion** €€

Das ultimative viktorianische B&B, bunt und mit viel Liebe zum Detail.

• 400 Berding St. | Tel. 707-786-4000
  www.thegingerbreadmansion.com

# EUREKA 14 📖 B5

Knapp 30 000 Einwohner zählt die Stadt an der Humboldt Bay, die hier um 1850 wegen des großen Naturhafens gegründet wurde. Vor allem die Verladung von Redwood-Holz und die Fischerei machten die Stadt damals reich – die im Schachbrettmuster angelegten **Old Town** am Hafen zeigt es: Gut 100 renovierte viktorianische Häuser aus der Blütezeit der Stadt Ende des 19. Jhs. blieben hier erhalten. Ein Musterbeispiel hierfür ist die architektonisch reichlich überfrachtete **Carson Mansion** (143 m St.), erbaut 1885 von dem Holzbaron William Carson. Die Geschichte der Holzfällerei und die einst reiche Kultur der regionalen Native Americans zeigen die **Blue Ox Millworks** (1 X St., www.blueoxmill.com; Mo–Fr 9–17, April–Nov. auch Sa 9–16 Uhr) und das **Clarke Memorial Museum** (240 E St., www.clarkemuseum.org; Di bis Sa 10–18, So 11–16 Uhr).

## INFO

**Humboldt County Visitors Bureau**

• 322 1st St. | Eureka
  Tel. 800-346-3482
  www.visitredwoods.com

## HOTEL

**Carter House Inns** €€–€€€

Elegante Zimmer in mehreren historischen Häusern; exzellentes Restaurant.

• 301 L St. | Tel. 707-444-8062
  www.carterhouse.com

## RESTAURANTS

**Lost Coast Brewery** €

Braukneipe in einem historischen Haus.

• 617 4th St. | Tel. 707-445-4480

---

### 💬 RIESEN AUS DER URZEIT

Sieht man die scheinbar endlosen Wälder entlang der Highways im Norden Kaliforniens, so denkt man, die Natur sei intakt. Doch nicht ohne Grund wurden die zahlreichen Schutzgebiete ausgewiesen. Bis vor 150 Jahren war fast die gesamte Nordwestküste mit Redwoods bedeckt. Zur Goldgräberzeit begann jedoch ein gnadenloses Abholzen. Man brauchte das harte, schwer entflammbare Holz zum Abstützen der Gruben, für Schwellen zum Bau von Bahnlinien und Häusern sowie für den Export. Bis heute lebt der Norden Kaliforniens zum großen Teil von der Holzindustrie. Die Auswirkung: Seit Mitte des letzten Jahrhunderts sind rund 90 % der kalifornischen Redwoods verschwunden! Zum Glück entstanden schon um 1900 die ersten Umweltschutzverbände, die wenigstens auf den Frevel hinwiesen. Ihnen ist es zu verdanken, dass das Abholzen der letzten Riesen aus der Urzeit zumindest reduziert wurde.

**Samoa Cookhouse** €

Ein kulinarisches Museum der Holzfäller-
tage – mit Riesenportionen.
• Samoa Blvd. | Tel. 707-442-1659

## REDWOOD NATIONAL PARK 15 12 ▌C3

In dem 40 000 ha großen Schutzgebiet, das sich über 70 km entlang
der Küste hinzieht, stehen die größten und ältesten Redwoods Kaliforniens, hier ist die Natur noch am
unversehrtesten › S. 102. Im **Thomas H. Kuchel Visitor Center** des
Parks südlich von Orick informie-
ren auch für Kinder interessant gestaltete Ausstellungen über die Küsten-Redwoods, auch Wanderkarten
sind hier erhältlich (Hwy. 101, Tel.
707-465-7765, www.nps.gov/redw).
Besonders reizvoll sind im Park
Wanderungen etwa in der **Lady
Bird Johnson Grove,** der **Tall Trees
Grove** (6 km, Permit vom Visitor
Center erforderlich) oder im **Fern
Canyon.** › mehr S. 16 Punkt 22

## WEAVERVILLE 16 ▌E5

Das Städtchen wurde während des
Goldrush von 1849 gegründet und
war v. a. von Chinesen bevölkert.
Ein Relikt aus dieser Zeit ist das
**Joss House,** ein chinesischer Tempel von 1874 (Main/Oregon Sts.).
Weaverville ist idealer Ausgangspunkt für Trekking-, Angel- oder
Kanutouren in die nördlich gelegene Bergwildnis der **Trinity Alps** und
zum großen **Trinity-Stausee.**

### UNTERKUNFT

**Coffee Creek Ranch** €€–€€€

Gästeranch in den Trinity Alps; ideal für
Familien.
• 4940 Coffee Creek Rd. | Trinity Center
Tel. 530-266-3343
www.coffeecreekranch.com

Die Painted Dunes im Lassen Volcanic National Park

# REDDING 17 📕 F6

Die moderne Farmerstadt am Nordende des Central Valley gönnt sich eine touristische Extravaganz: Im **Turtle Bay Park** (www.turtle bay.org), u. a. mit Museum und Botanischem Garten, überspannt die **Sundial Bridge** des spanischen Starbaumeisters Santiago Calatrava den Sacramento River. Der schlanke Pfeiler der Brücke funktioniert tatsächlich als Sonnenuhr. Traurige Berühmtheit erlangte die Stadt im Sommer 2018: Ein Feuersturm verwüstete im Westen ein großes Areal, acht Menschen starben.

Hausboote für Touren in der Seenlandschaft der **Shasta-Trinity National Recreation Area** vermietet das Bridge Bay Resort, 10300 Bridge Bay Rd., Redding, www.bridgebayhouseboats.com).

# MOUNT SHASTA 18 ⭐ 📕 F3

Hippies, Esoteriker, New-Age-Jünger – der wie eine weiße Vision über der gleichnamigen Stadt aufragende Mount Shasta zieht sie alle an. Der 4322 m hohe Vulkankegel ist für die Adepten ein Landeplatz der Aliens oder ein Tor zu Parallelwelten. Aber es gibt hier auch, ganz profan, schöne Wander- und Mountainbiketrails. Eine Gipfeltour ist jedoch nur etwas für erfahrene Bergsteiger.

Unten im sympathischen Städtchen **Mount Shasta** gibt es ein reichhaltiges spirituelles Angebot inklusive Taufen in der Quelle des Sacramento River (Info: Tel. 530-926-4865, www.visitmtshasta.com).

**Mount Shasta Resort** €€
Gepflegte Anlage etwas außerhalb mit Golfplatz und gutem Restaurant.
• 1000 Siskiyou Lake Blvd.
　Tel. 530-926-3030
　www.mountshastaresort.com

**Lilys** €€
Feine kalifornische Küche, auch gut zum Frühstück geeignet.
• 1013 S. Mt. Shasta Blvd.
　Tel. 530-926-3372

# LASSEN VOLCANIC N.P.

19 ⭐ 📕 H6

In dem knapp 430 km² großen Schutzgebiet erhebt sich der **Lassen Peak** (3187 m), einer der wenigen noch aktiven Vulkane Nordamerikas, als Teil der Cascade-Kette. Letztmals brach er 1915 aus, schickte eine 10 km hohe Aschewolke in die Atmosphäre und glühende Lava talwärts. Seither herrscht Ruhe, das Magma tief unten ist jedoch noch nicht abgekühlt. Rings um den Berg erstrecken sich gewaltige Lavafelder bis weit hinauf nach Oregon.

Über den Hwy. 89, der von Nord nach Süd durch den Park führt, erreicht man die Thermalgebiete von **Bumpass Hell** und **Sulphur Works** (Lehrpfade). Ein 4 km langer Trail führt zum Gipfel des Lassen Peak. Infos zu geführten Wanderungen gibt es in den Visitor Centers **Kohm Yah-mah-nee** bei Mineral oder **Loomis Museum** bei Viola (Tel. 530-595-4480, www.nps.gov/lavo).

# EXTRA-TOUREN

Auf Achse in der Einsamkeit
Ostkaliforniens am Mono Lake

# DIE HIGHLIGHTS KALIFORNIENS
# IN ZWEI WOCHEN

---

**ROUTE:** San Francisco › Hwy. 1 › Santa Barbara › Los Angeles › Yosemite National Park › San Francisco

---

**KARTE:** Klappe hinten
**VERKEHRSMITTEL:** Die Route ist als Rundfahrt mit Mietwagen angelegt. Ebenfalls gut möglich ist ein Wohnmobil, dann sollte man einige Tage mehr einplanen und zu Anfang in San Francisco im Hotel wohnen.
**DISTANZEN:** Ca. 1750 km. **San Francisco** › **Monterey** 200 km; **Monterey** › **Santa Barbara** 400 km; **Santa Barbara** › **Los Angeles** 150 km; **Los Angeles** › **Sequoia N.P.** 370 km; **Sequoia N.P.** › **Yosemite N.P.** 280 km; **Yosemite N.P.** › **San Francisco** 350 km

---

Zwei Tage Sightseeing in **San Francisco** › S. 110, dann geht's los: Auf dem Hwy. 1 am Pazifik nach Süden. Mit Glück können Sie im **Ano Nuevo State Park** ▮ F17 eine große Kolonie Seeelefanten beobachten (www.parks.ca.gov/anonuevo). Ein Stück weiter in der Uni-Stadt **Santa Cruz** › S. 101 gibt es dann Surfcracks in den Pazifikwellen zu sehen. Nächster Stopp ist **Monterey** › S. 104 mit seinem großartigen Aquarium und einer mediterran anmutenden Panoramastraße um die Halbinsel bis zum Künstlerort **Carmel** › S. 106. Von hier kurvt der Highway 1 als »Traumstraße der Welt« hoch auf den Klippen von **Big Sur** › S. 106 weiter südwärts und folgt der kaum besiedelten Steilküste bis zur alten spanischen Missionsstadt **San Luis Obispo** › S. 108. Hier und in der nächsten spanischen Gründung, dem hübschen Strandort **Santa Barbara** › S. 108, müssen Sie unbedingt die regionalen Weine kosten, die im Edna und Santa Ynez Valley gekeltert werden. Der Hwy. 101 führt weiter in die Supermetropole **Los Angeles** › S. 58, die mit Hollywood, Santa Monica und den Universal Studios zwei Tage Aufenthalt lohnt.

Von L.A. ist es über die Küstenberge und durch das Central Valley etwa ein halber Tag Fahrt in die Sierra Nevada, wo im **Sequoia National Park** › S. 99 die legendären Mammutbäume wachsen. Noch einmal ein halber Tag, dann sind Sie im **Yosemite National Park** › S. 100, Kaliforniens schönstem Schutzgebiet. Bis zu 1000 m hoch ragen die Steilwände über dem Yosemite Valley auf, Wasserfälle rauschen herab, Blumenwiesen umrahmen den Merced River unten im Tal. Von hier geht es quer durch die Pfirsich- und Walnussplantagen des Central Valley zurück nach **San Francisco.**

<sup>T</sup>O<sup>U</sup>R
**14**

# SÜDKALIFORNIENS KÜSTEN UND WÜSTEN IN EINEINHALB WOCHEN

**ROUTE:** Los Angeles › San Diego › Palm Springs › Las Vegas › Death Valley › Los Angeles

**KARTE:** Klappe hinten
**VERKEHRSMITTEL:** Die Rundfahrt ist mit Mietwagen oder Wohnmobil am besten zu unternehmen. Öffentliche Verkehrsmittel gibt es nur zwischen den Städten Los Angeles, San Diego und Las Vegas.
**DISTANZEN:** Ca. 1720 km. **Los Angeles** › **San Diego** 240 km; **San Diego** › **Palm Springs** 300 km; **Palm Springs** › **Las Vegas** 450 km; **Las Vegas** › **Death Valley N.P.** 230 km; **Death Valley N.P.** › **Los Angeles** 500 km

Je nach Interesse können Sie von **Los Angeles** › S. 58 aus zuerst einen Stopp bei Disneyland in **Anaheim** › S. 80 machen oder zum Surferort **Huntington Beach** › S. 81 fahren, zum Wellenreiten oder Radfahren am breiten Sandstrand. Danach folgen auf der Fahrt nach Süden schicke Strandorte wie **Laguna Beach** › S. 81 und **La Jolla** › S. 82, ehe man **San Diego** › S. 83 erreicht. Mit SeaWorld, Gaslamp Quarter und einem Badenachmittag auf Coronado Island lohnen sich zwei Urlaubstage in der relaxten Metropole.

Über den hübschen Westernort **Julian** › S. 87 führt die Route weiter über die Coast Mountains in die Wüste des riesigen **Anza Borrego Desert State Park** › S. 88, wo zahlreiche Kakteen den Weg säumen. Zivilisierter zeigt sich die Wüste dann im Promi-Ferienort **Palm Springs** › S. 88. Eine lohnender Seilbahnfahrt führt von hier bis auf 2600 m Höhe unter den Gipfel des Mount San Jacinto.

Durch die bizarren Wälder aus Stachelpalmen im **Joshua Tree National Park** › S. 89 geht es dann weiter nach Nordosten durch ausgedörrte Salzseen und Wüstentäler über die Grenze nach Nevada zur Spielerstadt **Las Vegas** › S. 90. Zwei Nächte mit Shows und Bummel am glitzernden »Strip« sollten Sie hier einplanen

Dann fahren Sie wieder zurück nach Kalifornien ins berüchtigte **Death Valley** › S. 92. Der tiefste Punkt Amerikas wartet hier, Dünen und einsame Täler – und bis zu 40 Grad im Schatten. Die klimagekühlten Outlet Centers, die bei Barstow an der I-15 zum Shopping locken, sind da fast erholsam bei der Fahrt zurück nach **Los Angeles**.

### ᵀᴼᵁᴿ
### 15

# WEIN UND BERGE: IN ZEHN TAGEN
# VON SAN FRANCISCO IN DIE SIERRA NEVADA

**ROUTE:** San Francisco > Napa > Sacramento > Lake Tahoe > Mono Lake > Yosemite >
San Francisco

**KARTE:** Klappe hinten
**VERKEHRSMITTEL:** Die Rundfahrt ist als Tour mit Mietwagen oder Wohnmobil
angelegt. Busse und Züge gibt es nur zwischen San Francisco und Sacramento und
Lake Tahoe. Achtung: Der Tioga Pass über den Grat der Sierra Nevada ist nur von
Juni bis Oktober geöffnet.
**DISTANZEN:** Ca. 1200 km. **San Francisco** > **Napa** 150 km; **Napa** > **Sacramento**
100 km; **Sacramento** > **South Lake Tahoe** 290 km; **South Lake Tahoe** > **Lee Vining**
185 km; **Lee Vining** > **Yosemite N.P.** 120 km; **Yosemite N.P.** > **San Francisco** 355 km

Über die Golden Gate Bridge führt die Route aus **San Francisco** > S. 110 nach
Norden in die bekannten Weintäler Kaliforniens: Zuerst nach **Sonoma**
> S. 126, dann über Glen Ellen und mit einem Schlenker durchs Napa Valley
über Rutherford, St. Helena und Calistoga nach **Napa** > S. 127. Über Kaliforniens Hauptstadt **Sacramento** > S. 136 geht es dann in die Berge: Alte Goldgräbernester am Hwy. 49 wie Placerville, das früher wegen eines rege benutzten Galgens auch »Hangtown« hieß, **Coloma** > S. 137 und Auburn liegen
auf dem Weg zum **Lake Tahoe** > S. 137, dem größten Bergsee Kaliforniens.

Vom Südrand des Lake Tahoe führt die SR 89 zur Ostseite der Sierra, wo
der Hwy. 395 durch breite Wüstentäler nach Süden verläuft. Bei Bridgeport
lohnt sich ein Abstecher nach **Bodie** ▮ 014, einer perfekt erhaltenen denkmalgeschützten Geisterstadt, wo um 1880 nach Silber geschürft wurde
(www.bodie.com). **Lee Vining** ▮ N14 weiter südlich am Hwy. 395 liegt am
Westufer des **Mono Lake,** einem salzigen Binnenmeer mit bizarren Tuffsäulen und einem Strand am Südufer (www.monolake.org).

Von hier erklimmt die Route auf einer dramatischen Panoramastraße
den Tioga Pass (3031 m) in den **Yosemite National Park** > S. 100, weltberühmt auch für seine imposanten Granitfelsen und Wasserfälle. Das Wandergebiet der Tuolumne Meadows ist meist weniger überlaufen als die Westseite des Parks. Vom Yosemite Valley aus geht es dann über **Jamestown**
> S. 131, einen pittoresken alten Goldgräberort mit historischen Dampfloks
im Railtown Park, wieder nach Westen und zurück nach **San Francisco.**

# INFOS VON A–Z

## ÄRZTLICHE VERSORGUNG

Die medizinische Versorgung in den USA ist ausgezeichnet, aber teuer. Alle Leistungen der Ärzte und Krankenhäuser müssen meist sofort in bar oder mit Kreditkarte bezahlt werden, denn Nicht-US-Bürger werden grundsätzlich als Privatpatienten behandelt. Für die Rückerstattung der Krankheitskosten sollten Sie unbedingt vor Abreise eine Reisekrankenversicherung inklusive Rückführung im Notfall abschließen.

Apotheken *(pharmacy)* sind in den Geschäftsstraßen der Innenstädte zu finden, in Vororten meist innerhalb der *drugstores* in den Shoppingmalls. Für ständig benötigte Medikamente ist es sinnvoll eine Rezeptkopie mitzubringen, damit notfalls ein Arzt in den USA Nachschub verschreiben kann.

## ALKOHOL & CANNABIS

Kaliforniens *liquor laws*, die den Ausschank und Verkauf von Alkohol regeln, sind im Vergleich zu anderen Staaten recht freizügig. Bier, Wein und Spirituosen werden in Lebensmittelläden und auch Tankstellen verkauft. Aber Achtung: Es ist strafbar, Alkohol im Auto zu trinken, offene Flaschen müssen in den Kofferraum. Generell dürfen in den USA alkoholische Getränke (auch Bier) nur an Erwachsene über 21 Jahre verkauft werden, Ausweiskontrollen sind in Bars die Regel. Nur Restaurants mit Lizenz *(license)* servieren Wein und Bier. > mehr S. 19 Punkt ❹❸

Seit 2018 ist der Cannabis-Konsum in Kalifornien und auch Nevada ab 21 Jahren legal, *pot* verkaufen dürfen ausschließlich lizenzierte *weed shops*.

## BARRIEREFREIES REISEN

Die USA sind ein sehr behindertenfreundliches Reiseland. Überall gibt es Aufzüge, Rampen für Rollstuhlfahrer, besondere Parkplätze *(handicapped parking)* und in allen öffentlichen Gebäuden auch entsprechende Toiletten. Bei größeren Mietwagenfirmen (z. B. Alamo, Avis, Hertz) kann man auf Anfrage einen Leihwagen mit Handbetrieb reservieren. Ferienhotels und größere Motels bieten zumindest einige behindertengerechte Zimmer an.

## DIPLOMATISCHE VERTRETUNGEN

Botschaften der USA befinden sich in Berlin, Wien und Bern, Konsulate in Berlin, Frankfurt/M., Hamburg, München, Stuttgart, Salzburg und Zürich (Adressen unter www.usembassy.gov). Die Botschaften von Deutschland, Österreich und der Schweiz sitzen sämtlich in Washington, D.C. Bei Passverlust und anderen Notfällen wendet man sich am besten an folgende Adressen:

- **Deutsches Generalkonsulat:**
  6222 Wilshire Blvd., Suite 500,
  Los Angeles, CA 90048,
  Tel. 323-930-2703, Fax 323-930-2805,
  www.germany.info/losangeles, oder
  1960 Jackson St., San Francisco,
  CA 94109, Tel. 415-353-0343,
  Fax 415-353-0340,
  www.germany.info/sanfrancisco
- **Österreichisches Generalkonsulat:**
  11859 Wilshire Blvd., Suite 501,
  Los Angeles, CA 90025,
  Tel. 310-444-9310, Fax 310-477-9897,
  www.austria-la.org
- **Schweizerisches Generalkonsulat:**
  11859 Wilshire Blvd., Suite 501,
  Los Angeles, CA 90025,
  Tel. 310-575-1145, Fax 310-575-1982,
  www.eda.admin.ch/la oder
  Pier 17, Suite 600, San Francisco,
  CA 94111, Tel. 415-788-2272,
  Fax 415-788-1402,
  www.eda.admin.ch/sf

## EINREISE

Touristen und Geschäftsreisende aus Deutschland, Österreich und der Schweiz benötigen kein Visum, wenn ihr Aufenthalt nicht 90 Tage überschreitet und sie ein gültiges Rückflugticket vorweisen. Vorgeschrieben ist ein maschinenlesbarer, noch für die Reisedauer gültiger Pass mit biometrischen Daten, auch für Kinder. Spätestens 72 Stunden vor Abflug muss man sich im Internet unter https://esta.cbp.dhs.gov für eine ESTA-Einreisegenehmigung registrieren, Gebühr 14 $, zahlbar mit Kreditkarte. Die ESTA-Genehmigung gilt für zwei Jahre und kann auch über das Reisebüro beantragt werden. Visa für Aufenthalte länger als 90 Tage werden nur nach persönlicher Vorstellung in der US-Botschaft oder einem Konsulat im Heimatland erteilt (Anmeldung einige Wochen vorab nötig). Beim Einchecken für den Flug wird dann noch die erste Adresse in den USA abgefragt.

## ELEKTRIZITÄT

110 Volt Wechselstrom. Mitgebrachte elektrische Geräte (Handy, Fön, Rasierapparat) passen sich meist automatisch an, aber für die Steckdose ist ein Adapter nötig, den man sich am besten schon zu Hause kauft.

## FEIERTAGE

New Year's Day (1. Jan.), Martin Luther King Day (3. Montag im Jan.), Rosa Parks Day (4. Febr., Tag der Bürgerrechtsbewegung), President's Day (3. Montag im Feb.), César Chávez Day (31. März), Memorial Day (Heldengedenktag, letzter Montag im Mai), Independence Day (Unabhängigkeitstag, 4. Juli), Labor Day (Tag der Arbeit, 1. Montag im Sept.), Admission Day (Tag der Staatsgründung, 9. Sept., 2. Montag im Okt.), Veterans' Day (11. Nov.), Thanksgiving Day (Erntedankfest, 4. Donnerstag im Nov.), Christmas Day (25. Dez.).

An den staatlichen Feiertagen sind meist nur Behörden, Büros und Postämter geschlossen. Läden und Shoppingmalls bleiben geöffnet und bieten oft sogar Sonderverkäufe. Fällt ein Feiertag auf einen Sonntag, so ist meist der folgende Montag frei. An den langen Wochenenden von Memorial Day und Labor Day unternehmen viele Amerikaner einen Kurzurlaub, man sollte daher für diese *Holiday Weekends* die Unterkunft möglichst schon vorab buchen.

## GELD & WÄHRUNG

Die Landeswährung ist der US-Dollar ($) = 100 Cents. Im Umlauf sind folgende Münzen: Penny (1 Cent), Nickel (5 Cents), Dime (10 Cents) und Quarter (25 Cents). Half-Dollar- und 1-DollarMünzen sind sehr selten. Banknoten gibt es im Wert von 1, 2, 5, 10, 20, 50 und 100 Dollar. Achtung: Da alle US-Banknoten gleich groß und von gleicher grünlicher Farbe sind, kann es besonders am Anfang einer Reise zu Verwechslungen kommen.

Für die Ein- und Ausfuhr von Fremd- und Landeswährung gibt es keine Beschränkungen, allerdings muss man beim Mitführen von mehr als 10 000 $ eine Deklaration ausfüllen.

Eine gängige Kreditkarte (Mastercard, Visa) ist für die USA fast unverzichtbar, dazu empfiehlt sich die Mitnahme von EC-Karte, einigen Dollar-Reiseschecks und einem kleinen Betrag von US-Dollar in bar. Kreditkarten werden praktisch überall angenommen und in den USA sogar für ganz kleine Beträge benutzt. Mit Kreditkarte erspart man sich bei der Automiete die Hinterlegung einer Kaution, im Hotel eine Vorauszahlung und bei eventuellen Notfällen, etwa einem Krankenhausaufenthalt, ist man kreditwürdig.

Dollar-Reiseschecks werden in Läden, Restaurants und Hotels problemlos akzeptiert, das Wechselgeld bekommt man in bar zurück. Mit der EC/Maestro-Karte

und PIN können Sie an den meisten Bank-
automaten Bargeld abheben.

Europäische Währungen in bar werden
in Kalifornien nur an den Flughäfen, in
den Wechselstuben der großen Städte
und in großen Hotels umgetauscht – mit
Bearbeitungsgebühr und zu einem relativ
schlechten Kurs.

## INFORMATIONEN

Allgemeine Auskünfte und viele Reiseide-
en zu den einzelnen Regionen des Staates finden Sie auf der sehr gut gestalteten, deutschsprachigen Webseite des
Kalifornischen Fremdenverkehrsamtes.
Per E-Mail kann dort auch weiteres Infor-
mationsmaterial für die Vorbereitung der
Reise bestellt werden:

• Visit California
  www.visitcalifornia.com/de
  infopaket@visitcalifornia.de

Vor Ort helfen die *California Welcome
Centers* (z. B. am Pier 39 in San Francisco)
weiter sowie die Chamber of Commerce
oder – in größeren Städten – das Convention & Visitors Bureau. Sehr hilfsbereit
sind auch die Rangers in den Visitor Centers der State und National Parks (Tipps
für Wanderungen, aktuelle Infos, Karten
etc.).

Weitere nützliche Onlineinfos:
• www.vusa.travel: USA kompakt
• www.parks.ca.gov: State Parks in
  Kalifornien
• www.nps.gov/state/ca: National Parks
  in Kalifornien

## INTERNET

Kalifornien ist wie zu erwarten perfekt
vernetzt. WLAN (das in den USA *WiFi*
heißt) fürs Handy, Tablet oder den mitge-
brachten Laptop ist kostenlos in Coffeeshops, an Flughäfen und oft sogar auf der
Straße verfügbar. Alle Hotels und Motels
haben WLAN, teils gegen Gebühr, viele
bieten ihren Gästen aber auch kostenfrei
einen Computer in der Lobby zum E-Mail-
Abfragen, zum Suchen von Attraktionen
oder Ausdrucken der Wegstrecken.

## KLEIDUNG

Mit legerer Freizeitkleidung sind Sie
i. d. R. gut angezogen, nur zu Geschäfts-
terminen und in feinen Restaurants wird

## 📷 MASSE & TEMPERATUREN

Länge
• 1 inch (in.) = 2,54 cm
• 1 foot (ft.) = 12 inches =
  30,48 cm
• 1 yard (yd.) = 3 feet = 91,44 cm
• 1 mile (mi.) = 1,609 km

Gewicht
• 1 ounce (oz.) = 28,35 g
• 1 pound (lb.) = 16 ozs. = 453,6 g
• 1 stone (st.) = 14 lbs. = 6,35 kg
• 1 quarter (qr.) = 25 lbs. = 11,339 kg
• 1 hundredweight = 4 qrs. =
  45,359 kg
• 1 ton (t) = 2000 lbs. = 907 kg

Volumen
• 1 gill (gl.) = 0,118 Liter
• 1 pint (pt.) = 4 gills = 0,473 Liter
• 1 quart (qt.) = 2 pints = 0,946 Liter
• 1 gallon (gal.) = 4 quarts =
  3,785 Liter

Temperatur
14 ° Fahrenheit = −10 ° Celcius
32 ° Fahrenheit = 0 ° Celcius
50 ° Fahrenheit = 10 ° Celcius
59 ° Fahrenheit = 15 ° Celcius
68 ° Fahrenheit = 20 ° Celcius
77 ° Fahrenheit = 25 ° Celcius
86 ° Fahrenheit = 30 ° Celcius

elegantere Kleidung erwartet. An den Stränden und am Pool gibt man sich im puritanischen Amerika eher prüde: Gewagte Bikinis und knappe Badehosen sind okay, aber Oben-ohne-Bräunen ist verpönt, FKK sowieso, außer in Privatklubs.
> mehr S. 19 Punkt **46**

Tipp: Nehmen Sie nicht zu viel Gepäck mit, viele Motels haben Waschmaschinen und öffentliche Waschsalons sind weit verbreitet.

## NOTRUF

In ganz Kalifornien kann man über die gebührenfreie Notrufnummer »911« oder den Operator »0« in allen Notfällen rund um die Uhr Hilfe anfordern. Je nach Sachlage werden Polizei, Feuerwehr oder Notarzt (*paramedics*) geschickt.

Falls Sie sich in einer Notlage Geld von zu Hause nachsenden lassen müssen, so können Sie das über die Telegrafengesellschaft Western Union (in Deutschland vertreten durch die Postbank) veranlassen, die meist innerhalb von wenigen Stunden Überweisungen ausführt.

## ÖFFNUNGSZEITEN

Die meisten Geschäfte sind Montag bis Samstag von 10 Uhr morgens bis 18 Uhr geöffnet, die Shoppingmalls normalerweise von 10–19 Uhr sowie donnerstags bis samstags auch bis 21 Uhr und sonntags von 12–17 Uhr. Manche Restaurants und große Lebensmittelläden halten ihre Türen oft sieben Tage die Woche rund um die Uhr offen.

Banken sind im Allgemeinen von 9–15 Uhr geöffnet. Die Öffnungszeit von Museen ist in der Regel von 10 bis 16 Uhr. Am Sonntag sperren viele Museen ihre Türen erst gegen Mittag auf und häufig ist montags Ruhetag. Die großen Vergnügungsparks und Ozeanarien haben dagegen täglich mindestens bis 18 Uhr, an Wochenenden und in der Hochsaison bis 21 Uhr oder gar bis Mitternacht geöffnet.

## POST

*Post offices* sind meist von Montag bis Freitag 8–18 Uhr geöffnet, samstags von 8–12 Uhr. Briefmarken erhält man auch häufig in Souvenirläden, an der Hotelrezeption oder an den kleinen Postschaltern in manchen Drugstores. Die Laufzeit für eine Karte oder einen Standardbrief in die Heimat liegt bei etwa 5–7 Tagen, das Porto beträgt 1,15 $. Wichtige Post oder Pakete können Sie auch mit den privaten Diensten DHL, Federal Express oder UPS befördern lassen.

## SICHERHEIT

Kalifornien gehört in den USA nicht zu den Spitzenreitern in der Kriminalitätsstatistik. Dennoch sollten Sie vor allem in den Großstädten sehr vorsichtig sein. Im Hafenviertel von South San Francisco und in den Bezirken Watts oder South Central in Los Angeles hat man als Tourist weder nachts noch tagsüber etwas zu suchen. Studieren Sie vorab eine Straßenkarte, und legen Sie ihren Anflug so, dass Sie nicht spät nachts ankommen.

Allgemein gilt – wie überall in USA: Fahren Sie nicht nachts durch schlecht beleuchtete, ärmere Wohnviertel, bleiben Sie auf belebten Straßen und lassen Sie – v. a. in State und National Parks – keine (Wert-)Gegenstände auffällig im geparkten Auto liegen.

## STEUER

Wundern Sie sich nicht: Die »Mehrwertsteuer«, genannt *sales tax*, ist in den USA nie im ausgeschilderten Preis oder auf der Speisekarte enthalten, sondern wird erst beim Bezahlen an der Kasse des Geschäftes, Restaurants oder Hotels zum Rechnungsbetrag addiert.

In ganz Kalifornien gilt eine Verkaufssteuer von 7,25 %. Dazu dürfen die Bezirke und Städte noch Zusatzsteuern von bis zu 2,5 % sowie separate Hotelsteuern erheben.

## TELEFONIEREN

Europäische Smartphones und Triband-Handys funktionieren in den GSM-Netzen Kaliforniens, nur im Hinterland und in den Bergen ist der Empfang etwas löchrig. Allerdings werden teils saftige Aufschläge von 1–2 Euro pro Minute fällig und auch die Internetnutzung kann teuer werden. Erkundigen Sie sich vorab bei Ihrem Netzbetreiber nach den aktuellen Roaminggebühren, oder deaktivieren Sie Roaming und nutzen Sie nur WLAN vor Ort. Meist ist es preiswerter, die Gespräche mit einer *prepaid long distance phone card* (erhältlich in Supermärkten und Drugstores), dann kostet ein Gespräch nach Europa nur 10 bis 15 Cent je Minute. Für längere Aufenthalte können Sie auch eine *prepaid sim card* von einem der amerikanischen Anbieter (ATT, T-Mobile USA) kaufen.

Öffentliche Telefonzellen werden immer seltener, aber man findet sie noch in Hotels und an Tankstellen. Ortsgespräche *(local calls)* sind problemlos: Hörer abheben, 50 ¢ oder 1 $ einwerfen und die (immer siebenstellige) Nummer wählen. In Großstädten muss vielfach auch die dreistellige Vorwahl mitgewählt werden. Die örtliche Auskunft erreicht man unter »411«. Für Ferngespräche *(long distance calls)* wählt man »1« und die dreistellige Vorwahlnummer vorab. Auch Auslandsgespräche *(oversea calls)* kann man direkt führen.

Landesvorwahlen: Deutschland 0 11 49, Österreich 0 11 43, Schweiz 0 11 41, dann folgt die Ortsvorwahl ohne die erste Null, dann die Teilnehmernummer.

Bei Fragen hilft der Operator unter der »0«. Um vor allem bei Ferngesprächen dem lästigen Münzsammeln zu entgehen, sollten sie sich vor Ort in einem der kleinen Supermärkte eine *prepaid phone card* holen, mit der sogar Gespräche nach Europa oft nur 5 bis 10 Cents kosten (je nach Karte fallen unterschiedliche Gebühren an, fragen Sie nach den Bedingungen und *hidden fees)*. In den USA sind auch *collect calls* (R-Gespräche) und *person-to-person-calls* (Gespräche mit Voranmeldung) möglich. Hotels, Autovermiete etc. haben zur Reservierung oft kostenlose 1-800-, 866-, 877- oder 888-Nummern.

## TRINKGELD

In Restaurants ist das Bedienungsgeld nicht im Preis inbegriffen, daher lässt man mind. 15 % des Rechnungsbetrages am Tisch liegen oder zählt sie auf dem Kreditkartenbeleg hinzu. › mehr S. 19 Punkt ㊺ Kofferträger bekommen 1–2 $ je Gepäckstück, Taxifahrer 10 bis 15 % des fälligen Betrages. Dem Zimmermädchen lässt man bei der Abreise 2–5 $ pro Tag im Zimmer liegen.

## ZOLL

Gegenstände für den persönlichen Gebrauch können zollfrei eingeführt werden, außerdem 200 Zigaretten, 1 Liter Spirituosen und Geschenke im Wert von 100 $. Blumen und frische Lebensmittel (Obst, Wurst, Gemüse) dürfen nicht eingeführt werden.

Für den Heimflug ist zu beachten, dass alle Einkäufe (inklusive Geschenke) nur bis zu einem Wert von 430 Euro bzw. 300 CHF zollfrei sind. Erlaubt sind pro Reisendem über 17 Jahre 200 Zigaretten sowie 1 Liter Alkohol über 22 % und 4 Liter Wein.

---

💬 **URLAUBSKASSE**

- Tasse Kaffee:         2–3,50 €
- Softdrink:             2 €
- Glas Bier:            3,50–6 €
- Hamburger:           2–10 €
- Riesenkugel Eis:      3–5 €
- Taxifahrt (pro km):   1,60 €
- Mietwagen/Tag:       ab 40 €

# REGISTER

## BILDNACHWEIS

**Coverfoto:** Surfer in Leucadia, Kalifornien, USA © Getty Images/Yew! Images
**Fotos Umschlagrückseite:** Shutterstock/canadastock (links); Shutterstock/Magdanatka (Mitte); Shutterstock/Pavone, Sean (rechts)

Alamy Stock Foto/Rolf_52: 91; Alamy Stock Foto/travelpix: 50; Alamy Stock Photo/Bishop, Russ: 23; Alamy Stock Photo/Brownstein, Larry: 45; Alamy Stock Photo/Cross, Jeffery: 142; Alamy Stock Photo/Dagnall, Ian: 66; Alamy Stock Photo/Eagle Visions Photography/Lovell, Craig: 48; Alamy Stock Photo/Foster, Lee: 28; Alamy Stock Photo/Landau, Robert: 73; Alamy Stock Photo/Mays, Buddy: 89; Alamy Stock Photo/NaturaLight: 13; AWL Images/Banks, Jordan: 20/21; Getty Images/Skyhobo: 18; Huber Images/Kremer, Susanne: 9; laif/Heeb, Christian: 102, 146; laif/robertharding/Ertman, Miles: 140; Lookphotos/age fotostock: 136; Lookphotos/Brown, Cannon: 6/7; Schapowalow/Rellini, Maurizio: 93; Schermeister Winery: 30; Shutters on the Beach: 71; Shutterstock/agap: 74; Shutterstock/alarico: 94; Shutterstock/Alberts, Bjoern: 100; Shutterstock/ATOM WANG: 32; Shutterstock/Balcioglu, Can: 129; Shutterstock/Brake, Mike: 130; Shutterstock/BrunitaGio: 92; Shutterstock/Brynildsen, Tristan: 17; Shutterstock/Burel, Sebastien: 82, 127; Shutterstock/canadastock: 56/57; Shutterstock/Cassiohabib: 122; Shutterstock/Checubus: 36/37, 119; Shutterstock/Demyanenko, Alexander: 105; Shutterstock/fl1photo: 34, 75, 116; Shutterstock/Frank, Zack: 139; Shutterstock/Ivanov, Anton: 60, 69; Shutterstock/Kirkikis, James: 121; Shutterstock/kojihirano: 144; Shutterstock/Kosmayer, Dan: 54; Shutterstock/Kunasz, Peter: 135; Shutterstock/Laniewicz, Dominic: 16; Shutterstock/Magdanatka: 14; Shutterstock/Meek, Doug: 107; Shutterstock/meunierd: 84; Shutterstock/Millauer, Alex: 62; Shutterstock/nito: 58; Shutterstock/Novikov, Sergey: 43; Shutterstock/Pavone, Sean: 24; Shutterstock/pixelshop: 10; Shutterstock/Plus Lee: 110; Shutterstock/Prochasson, Frederic: 47; Shutterstock/randy andy: 98; Shutterstock/Real Deal Photo: 12; Shutterstock/sashahaltam: 109; Shutterstock/Tognoni, Gary C.: 15; Shutterstock/Urmann, Michael: 113; Shutterstock/Waberska, Aneta: 41; Shutterstock/Welles, Katherine: 38; Shutterstock/Whyte, Jeff: 114; Shutterstock/Zarivny,Andrew: 65; Teuschl, Karl: 8, 29, 124; Unsplash/Ibrao, Brandi: 80.

Liebe Leserin, lieber Leser,

wir freuen uns, dass Sie sich für diesen POLYGLOTT on tour entschieden haben.
Unsere Autorinnen und Autoren sind für Sie unterwegs und recherchieren sehr gründlich, damit Sie mit aktuellen und zuverlässigen Informationen auf Reisen gehen können. Dennoch lassen sich Fehler nie ganz ausschließen. Wir bitten Sie um Verständnis, dass der Verlag dafür keine Haftung übernehmen kann.

Ihre Meinung ist uns wichtig. Bitte schreiben Sie uns:
**GRÄFE UND UNZER VERLAG**
Postfach 86 03 66, 81630 München, Tel. 0 89 / 419 819 41
www.polyglott.de

**LESERSERVICE**
polyglott@graefe-und-unzer.de
Tel. 0 800 / 72 37 33 33 (gebührenfrei in D, A, CH), Mo–Do 9–17 Uhr, Fr 9–16 Uhr

## 1. Auflage 2019

© 2019 GRÄFE UND UNZER VERLAG GmbH, München
Dieses Buch wurde auf chlorfrei gebleichtem Papier gedruckt.
ISBN 978-3-8464-0425-6

Bei Interesse an maßgeschneiderten B2B-Editionen:
gabriella.hoffmann@graefe-und-unzer.de

Bei Interesse an Anzeigen:
KV Kommunalverlag GmbH & Co KG
Tel. 089/928 09 60
info@kommunal-verlag.de

**Verlagsleitung:** Grit Müller
**Verlagsredaktion:** Anne-Katrin Scheiter
**Autor:** Karl Teuschl
**Redaktion:** Christian Steinmaßl
**Bildredaktion:** Ruth Steinhorst
**Mini-Dolmetscher:** Langenscheidt
**Umschlaggestaltung & Layout:**
Independent Medien Design, München
Horst Moser (Artdirection), Lucie Heselich
**Karten und Pläne:** Theiss Heidolph und Kunth Verlag GmbH & Co. KG
**Satz:** Tim Schulz, Mainz
**Herstellung:** Anna Bäumner, Gloria Schlayer
**Druck und Bindung:**
Printer Trento, Italien

PEFC™
PEFC/18-31-506

GRÄFE UND UNZER

Ein Unternehmen der
GANSKE VERLAGSGRUPPE

# MINI-DOLMETSCHER ENGLISCH

## ALLGEMEINES

| | |
|---|---|
| Guten Morgen. | Good morning. [gud **mohr**ning] |
| Guten Tag. (nachmittags) | Good afternoon. [gud **äfter**nuhn] |
| Hallo! | Hi! [hai] |
| Wie geht's? | How are you? [hau **ahr**‿ju] |
| Danke, gut. | Fine, thank you. [**fain, θänk**‿ju] |
| Ich heiße ... | My name is ... [mai **nehm**‿is] |
| Auf Wiedersehen. | Bye-bye. [baibai] |
| Morgen | morning [**mohr**ning] |
| Nachmittag | afternoon [**äfter**nuhn] |
| Abend | evening [**ihw**ning] |
| Nacht | night[ nait] |
| morgen | tomorrow [tu**morr**oh] |
| heute | today [tu**deh**] |
| gestern | yesterday[ **jes**terdeh] |
| Sprechen Sie Deutsch? | Do you speak German? [du‿ju spihk **dseh**öhrmən] |
| Wie bitte? | Pardon? [**pahr**dn] |
| Ich verstehe nicht. | I don't understand. [ai **dohnt** anderständ] |
| Würden Sie das bitte wiederholen? | Would you repeat that please? [wud‿ju ri**piht** ðät, **plihs**] |
| bitte | please [**plihs**] |
| danke | thank you [**θänk**‿ju] |
| Keine Ursache. | You're welcome. [johr **wäll**kamm] |
| was / wer / welcher | what / who / which [wott / huh / witsch] |
| wo / wohin | where [**wäar**] |
| wie / wie viel | how / how much [hau / hau **matsch**] |
| wann / wie lange | when / how long [wänn / hau **long**] |
| Wie heißt das? | What is this called? [**wott**‿is ðis **kohld**] |
| Wo ist ...? | Where is ...? [**wäar**‿is ...] |
| Können Sie mir helfen? | Can you help me? [kän‿ju **hälp**‿mi] |
| ja | yes [jäss] |
| nein | no [noh] |
| Entschuldigen Sie. | Excuse me. [iks**kjuhs** mi] |
| Gibt es hier eine Touristeninformation? | Is there a tourist information? [is‿ðər‿ə **tua**rist infərmehschn] |
| Haben Sie einen Stadtplan? | Do you have a city map / a list of hotels? [du‿ju häw‿ə **ßi**ti mäpp] |
| Rufen Sie bitte die Polizei. | Please call the police. [**plihs** ðə pəlihs] |

## SHOPPING

| | |
|---|---|
| Wo gibt es ...? | Where can I find ...? [**wäə** kən‿ai faind ...] |
| Wie viel kostet das? | How much is this? [**hau**‿matsch is‿ðis] |
| Das ist zu teuer. | This is too expensive. [ðis‿is **tuh** ikspännßiw] |
| Das gefällt mir (nicht). | I like it. / I don't like it. [ai **laik**‿it / ai **dohnt** laik‿it] |
| Wo ist eine Bank? | Where is a bank? [**wäar**‿is a‿**bänk**] |
| Ich suche einen Geldautomaten. | I am looking for an ATM. [aim **luck**ing fər‿ən **äti**hem] |
| Geben Sie mir zwei Pfund Tomaten. (ca. 900 g) | Could I have two pounds of tomatoes. [kud‿ai häw **tuh paunds**‿əw təmäitohs] |
| Haben Sie deutsche Zeitungen? | Do you have German newspapers? [du‿ju häw **dsehöhr**mən **nuhs**pehpers] |

## ESSEN UND TRINKEN

| | |
|---|---|
| Die Speisekarte, bitte. | The menu please. [ðə **männ**ju plihs] |
| Brot | bread [bräd] |
| Kaffee | coffee [**koff**i] |
| Tee | tea [tih] |
| mit Milch / Zucker | with milk / sugar [wið‿**milk** / **schugg**er] |
| Orangensaft | orange juice [**orr**əndseh‿dsehuhs] |
| Mehr Kaffee, bitte. | Some more coffee please. [ßəm‿moh **koff**i plihs] |
| Suppe | soup [ßuhp] |
| Fisch | fish [fisch] |
| Meeresfrüchte | seafood [**ßih**fud] |
| Fleisch | meat [miht] |
| Geflügel | poultry [**pohl**tri] |
| Beilage | sidedish [**ßaid**disch] |
| vegetarische Gerichte | vegetarian food [**wädseh**ətäriən fud] |
| Eier | eggs [ägs] |
| Salat | salad [**ßäl**əd] |
| Dessert | dessert[ di**söhrt**] |
| Obst | fruit [fruht] |
| Eis | ice cream [ais **krihm**] |
| Wein | wine [wain] |
| weiß / rot / rosé | white / red / rosé [wait / räd / **roh**seh] |
| Bier | beer [bir] |
| Mineralwasser | mineral water [**minn**rəl wohder] |
| Ich möchte bezahlen. | The check, please. [ðə **tscheck,** plihs] |

# MEINE ENTDECKUNGEN

......................................................................................

......................................................................................

......................................................................................

......................................................................................

......................................................................................

......................................................................................

......................................................................................

......................................................................................

......................................................................................

......................................................................................

......................................................................................

......................................................................................

......................................................................................

......................................................................................

......................................................................................

......................................................................................

......................................................................................

......................................................................................

......................................................................................

# CHECKLISTE KALIFORNIEN

**Nur da gewesen oder schon entdeckt?**

☐ **STRANDTOUR PER BIKE**
Kalifornischer kann der Urlaubstag kaum sein, als auf dem Radweg am Strand entlang von Santa Monica nach Venice zu radeln. › S. 67

☐ **WEIN GANZ INDIVIDUELL**
In den Tastingstuben um die Sonoma Plaza kann man die *small batch wines* talentierter junger Weinmacher probieren, in nur ganz kleinen Mengen hergestellte Edelweine. › S. 126

☐ **PANORAMA DER SIERRA NEVADA**
Vom Aussichtspunkt am Wawona Tunnel bietet sich der eindrucksvollste Blick über das Yosemite Valley, Wasserfälle und El Capitan inklusive. › S. 100

☐ **AUF AUGENHÖHE MIT DEM GOLDEN GATE**
Am Fuß des Südpfeilers der Golden Gate Bridge bei Fort Point sind Sie direkt auf Meereshöhe – nirgendwo ist die Brücke imposanter. › S. 121

☐ **DIE SCHÖNSTEN GEISTER**
Jenseits der Sierra Nevada liegt in der Wüsteneinsamkeit die Goldgräberstadt Bodie, die am besten original erhaltene Geisterstadt Kaliforniens. › S. 149

☐ **DIE WÜSTE LEBT**
Donnerstagabends werden in der Innenstadt von Palm Springs zum Village Fest Buden und Bühnen am Palm Canyon Drive aufgebaut. › S. 88

☐ **TOP-GUN-KULISSE**
Der 1980er-Kinohit mit Tom Cruise wurde in San Diego gedreht, und im Flugzeugträger »USS Midway« am Navy Pier können Sie sich wie im Filmset fühlen. › S. 84

---

💬 **MITBRINGSEL**

- **Logo-Shirts** und **Jeanswear** von kalifornischen Top-Marken wie Levi's › S. 17
- **Redwood-Samen** – die Bäume sind in 800 Jahren garantiert 100 Meter hoch › S. 17